手っとり早い 改善 実施ノウハウ

Quick & Easy KAIZEN

日本HR協会
東澤文二

日刊工業新聞社

まえがき

改善とは「大変＝大きく変える」ではなく、「小変＝小さく変える」に過ぎない。つまり、自分の「仕事のやり方」を「小さく、少しずつ変える」という「ちょっとした工夫」が改善である。

ゆえに、「改善＝小変」の実施には、特殊な「才能・技術・努力」は不要。

その仕事をする「通常の能力」があれば、誰でも、手軽に、気楽に、日常的に改善できる。

なのに、そのような「たかが改善」すら、「ムリ・デキない・不可能」などと言って、何もせず、いつまでも「前例踏襲＝惰性的な仕事のやり方」を続けている人がいる。

その「原因」は

①改善への「誤解」（改善＝大変と思い込んでいる）

②改善意欲の「欠如」（改善＝会社のためと思い込んでいる）

③改善ノウハウの「無知」（制約に対応するノウハウを知らない）

——という改善に関する「What・Why・How」に対する「誤解・欠如・無知」に過ぎない。

☆

本書の「目的」は、それらを打破・粉砕し、

①「手間」をかけず、

②「カネ」をかけず、

③「知恵」を出す

——という「手っとり早い改善実施ノウハウ」の提供である。

☆

「たかが改善＝小変」と言えども、改善は「ささやかな前例打破」である。そのため「さまざまな制約」や「イロイロな抵抗」がある。特に、切実なのは「費用・時間の制約」や「利害対立の抵抗」だろう。

改善を実施するには、それらを「うまく躱《かわ》す・捌《さば》く・対処する知恵」が必要。といっても、けっして「難しいもの」ではない。「大袈裟なマズイやり方」を「小袈裟化する・だけ」でいい。

本書は「小袈裟化ノウハウ」、つまり、「手っとり早い改善実施のコツ」を手っとり早く「実感→理解→習得」できるように、「もっとも簡単で、もっともわかり易い、典型的な改善事例」———を基に解説する。

そのため、本書は次の如く**3部構成**としている。

①改善実施ノウハウの解説

①「改善の意味・定義」の再点検
②「改善の方向&レベル」の考察
③「現実制約」への対応ノウハウ
④「利害対立」への対処ノウハウ
⑤「連続&先手改善」で「ラクちん化」
⑥「簡単事例」を「自分の仕事」に応用

②「具体的な改善事例」の紹介

①資生堂
②ロート製薬
③ノーリツ
④アース製薬
⑤トヨタ自動車

③ 改善ノウハウ「Q&A」

①改善の「方程式・定石・公式」
②「問題に気づく」ための「分割記入」
③「典型的な3つのムダ」への「対処法」
④「実施のコツ」+「改善的思考&発想」

目次

第❼章 「簡単な改善事例」の紹介 ～改善の専門誌「創意とくふう」から～

第8章 改善実施ノウハウQ&A

手っとり早い改善実施ノウハウに関する「質問」に対する「ズバリ・一発解答」

第1章

手っとり早い改善実施ノウハウ①

「改善の意味・定義」の再点検

「改善」とは何か。
一般的には「善く改める」でいい。
しかし、「組織や企業」において、
改善活動の効果的な展開には
「ビジネス用語・産業用語」としての
「改善の意味・定義」の明確が必要。
改善に対する「共通認識」の形成には、
「改善の意味・定義」の再確認が不可欠。

改善とは何か①

「改善」と「改良」の違いを考察

「改善」という言葉の意味は、読んで字の如く「善く・改める」である。「改良」も同様に「良く・改める」で、ほぼ同じようなもの。

もちろん、「善」と「良」は、異なる漢字なので厳密には「異なる意味」がある。

しかし、日常生活において、誰もが「すべての言葉」の意味を正確に定義したり、厳密に区別して、使い分けているわけではない。

お互いに、なんとなく通じる程度で言葉による意思疎通（コミュニケーション）をしている。

そのため、時折トンデモない誤解を生むこともあるが、たいていは「許容範囲」の食い違いやスレ違いに収まっている。

だが、組織における「改善活動」の指導・推進に際して、「用語の意味・定義」は、できるだけ明確化しておくほうがいい。

それによって、改善に対する「共通認識」を形成することができる。また、「無用な誤解や混乱」を避けることもできる。

「改善」と「改良」の違い

「善」も「良」も訓読みはどちらも「よい」である。訓読みが同じものは「やまと言葉＝古来の日本語」では、「同じもの」を意味している。

☆

たとえば、「みる」という言葉は、漢字や英語では、

- 見る（see）
- 視る（look）
- 看る（watch）
- 覧る（glance）

- 診る（examine）
- 観る（observe）

——など、その意味が細分化されている。

これは「やまと言葉」が、まだ未分化・未成熟の段階で、それらを記録する文字として「漢字」を導入したからである。

そのため、「細かな意味の区別」はもっぱら「漢字による区別」に委ねられてしまって、「やまと言葉」としての細分化は止まってしまった。

よって、現代日本人でも、口と耳による、つまり、音声による意思疎通はすべて、「みる」の一言で、大雑把になされている。

「ざっと・みる」か、「じっと・みる」かといった「細かい区別」は形容詞をつけるか、または、「覧る」と「視る」などの如く、漢字で区別しなければならない。

古代では「よい」のすべては「同じ意味」だった

「改善」と「改良」も同様である。どちらも「よく・あらためる」という「同一の発音」ゆえ、大雑把に、だいたい「同じような意味」として捕らえられている。

「よい」と「訓読み」する漢字には次のようなものがあるが、それらのすべては「古代のやまと言葉」では「よい」という同じ意味だった。その後、「微妙な意味の違い」を漢字で書き分けているに過ぎない。

- 佳い
- 好い
- 吉い
- 美い
- 淑い
- 嘉い
- 良い
- 善い

「改善と改良」の微妙な違い

だが、たとえば、

①「生活を改善する」
②「生活を改良する」

――を並べた場合、②の言い方には、「少し違和感」がある。

しかし、

①「機械を改善する」
②「機械を改良する」

――ならば、①も②も、どちらの言い方も、実際になされており、まったく違和感はない。

ただし、「機械を改善する」には、「機械全体の変更」の意味をも含むのに対して、「機械を改良する」には、どちらかと言えば、「部分的な変更・具体的な変更」といった微妙な違いがないだろうか。

この「語感の違い」は「善と良」の漢字の成り立ち（語源）に遡ることができる。

「改善」は「神の心」に適うもの

「善」という漢字には、「羊」が含まれているが、古代中国で羊は神への「生け贄」とされていた。

善の古文字は「譱」だが、これは「羊」の左右に「言」の文字が並んでいる。

つまり、羊を神の前に差し出して、左右の人間が、それぞれの主張を陳述する「裁判」、つまり、「羊神判」をあらわしている。

これから、「神の思し召し」に適うことが「善＝正しい＝よい」という意味となったもの。

すなわち、「改善」は「神の心」に適うように「改める」という「神聖な意味」が込められている。

生活であれ、仕事であれ、あるいは、機械や製品など、あらゆることにて、「神の心」に適うように、その機能を充分に発揮させるのが、改善の真の意

味である。

「善を含む熟語」には、次のようなものがある。それらの「元の意味」はすべて「神意による区別」を基準としたものである。

- 善意
- 善処
- 善政
- 善戦
- 善人
- 善隣
- 善玉
- 善導
- 善良
- 善用
- 積善
- 追善
- 親善
- 慈善
- 最善
- 次善
- 改善

「改良」は「人の心」に適うもの

「良」という「漢字の語源」はイロイロあるが、そのひとつに「穀物をより分ける道具」の象形という説もある。

「殻」と「中身」を風力で分別する装置、つまり、現在の「唐箕《とうみ》」※の原型のようなものと言われている。

このことから、「良」は選別されたもの、つまり、「品質・性質」などが「優れているもの＝よいもの」を意味している。

ただし、その「判定基準」は、あくまでも「選別者である人間」にとって、「価値がある＝優れている＝良い」という意味である。

たとえば、「品種・改良」などは、「人間にとってのメリット」を基準としたものである。けっして、その生物にとっての価値を基準にしたものではない。

もし、その生物にとって価値のある、あるいは、神の観点から、メリットのある改造なら、「品種・改善」と書くべきだろう。

☆

もっとも、「自然の生物」は人間の手を借りなくても、生存と発展のため自分自身で進化してきた。

人間の手による改造など、自然の生物にとっては、まったく余計なことに過ぎない。

ゆえに、「品種・改善」という言葉は実際には、存在しえない矛盾したものだろう。

「改良」は人間にとっての好都合

「良を含む熟語」には、次のようなものがある。それらの「元の意味」はあくまでも、「選別者」にとって、「価値のあるもの＝良い」という意味に他ならない。

- 良行
- 良工
- 良案
- 良策
- 良医
- 良縁
- 良妻
- 良夜
- 良薬
- 良好
- 良識
- 良俗
- 優良
- 善良
- 選良
- 不良
- 改良

たとえば、「良妻」などという言葉はあくまでも「夫にとって良い妻」という意味である。

そのため、かってフェミニズム運動華やかな時代には「良妻・賢母」などという言葉は「男性中心の社会」にとって「都合のいい価値観」を女性に押

※収穫した穀物を脱穀した後、もみがらや屑を風によって選別する農具。

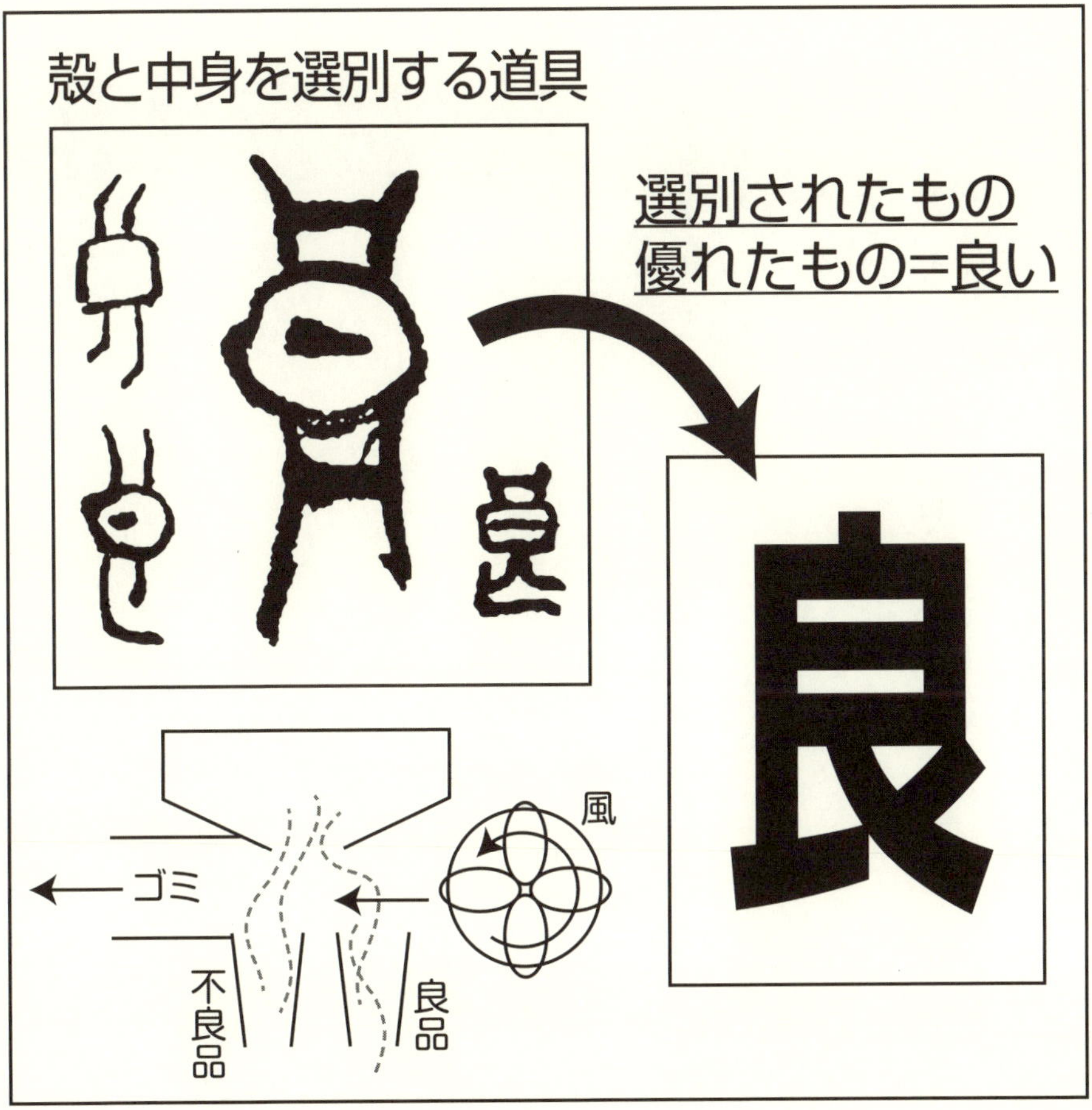

しつけるものである――などという意見もあった。

「改良」と「改善」の違いは?

もちろん、「言葉の意味」や「使われ方」というものは、時代とともに常に変化している。

しかも、それらが使用されている「社会・集団・組織」――によっても、それぞれ異なるので、ナニゴトも一概には言えない。

さらに、漢字では「改善と改良」と「書き分け」ても、訓読み(やまと言葉)では、どちらも「よく・あらためる」なので、現代の日本人でも、その意味はかなり「いい加減&大雑把」に捕らえられている。

そのため、

「改善と改良は、どう違うのか」

「改善と改良の違いは、何か」

――といった質問がなされている。

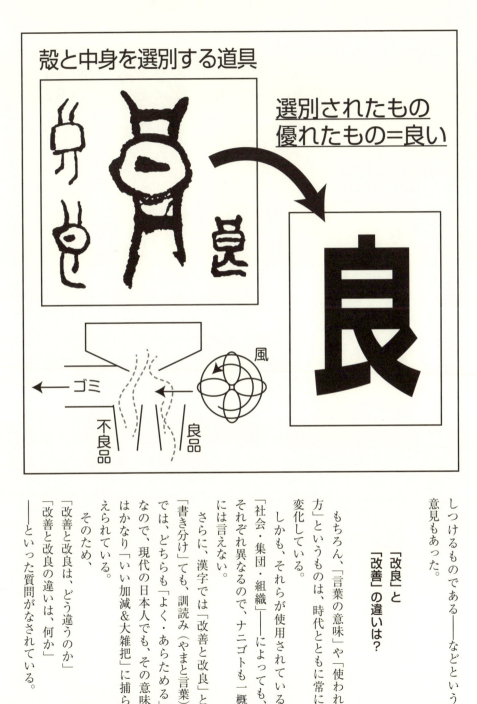

それに対して、一般的には、次のような説明がなされている。

①**「改良」**は、どちらかと言えば、「製品・部品・商品」――など「具体的なもの」に使われている。

②**「改善」**は、どちらかと言えば、「条件・状況・方法」――など「抽象的なもの」に使われている。

もちろん、この説明は厳密なものではない。たとえば、「良」の漢字は「良好・良縁・良識・良心」などの如く具体的なものだけではなく「条件・状況・状態」や「抽象的なこと」にも使われている。

だが、「改善と改良の違い」に関する説明としては、かなり妥当性がある。それは「経営状態や経済情勢の改善」と「道具・治具の改良」などといった表現を対比させれば納得できる。

「善」と「良」の区別もかなり「いい加減＝良い加減」

「善は急げ」と書いても、けっして、「良は急げ」とは書かない。これは漢字による「抽象と具体」の区別がなされている好例である。

だが、「書き言葉」でなく、音声で「よいことは、スグやれ」と言う場合、我々は、必ずしも、「善」と「良」を区別しているわけではない。

「やまと言葉」という音声言語では「善」も「良」も、どちらもまったく同じく「よい」という意味ゆえ、なんとなく、漠然と「よいこと」と理解しているに過ぎない。

また、「良心」という言葉は世俗でも頻繁に使われているが、「善心」は仏典などに見られるに過ぎない。

だが、「良心の呵責」などという場合、語源的には「善心の呵責」と書くのが正統ではないか――とも思える。

なお、トヨタ生産方式の生みの親、大野耐一氏は、

＊「知恵を出してやるのが改善」
＊「カネをかけてやるのが改良」

――と説明されている。

だが、その「真の意味」は、何も工夫せず、何の知恵も出さず、やたら新製品を購入するだけの「カタログ・エンジニア」に対する警告である。

あくまでも「カネをかけず、知恵を出すのが改善」――を強調するために「カネをかけてやるのが改良」と対比させているに過ぎない。

ゆえに、この言葉は、正しくは

＊「知恵を出してやるのが改善」
＊「カネをかけてやるのが改革」

――と言い換えるべきだろう。

なぜなら、カネをかけ、最新設備・機械などで「大きな成果」を得るのが「改革・革新・変革＝大変」だから。

それに対して、「改善」は知恵を出して「小さく変える＝小変＝ちょっとした工夫」である。

改善と改良の
違いと共通点

よく・あらためる

善く改める⟷良く改める

やまと言葉のよいは、すべて同じ意味

漢字の「使い分け」で細かい意味の違いを区別

佳く改める⟷好く改める
吉く改める⟷美く改める
淑く改める⟷嘉く改める

譱 ＝生け贄の羊をささげ、神の審判を受ける

善 ＝神の裁き＝正しい＝善い

良 ＝殻と中身を選別する道具
選別されたもの＝優秀＝良いもの

一般的に**改良**は、
「製品・部品・商品」―― など
「具体的なもの」に使われている。

一般的に**改善**は、
「条件・状況・方法」―― など
「抽象的なもの」に使われている。

改善とは何か②

改善の「3定義」を研究

「改善とは何か」や「改善の定義」に関して、イロイロな説明がなされている。たとえば、

①手間をかけず、
　カネをかけず、知恵を出す

②「やり方」を変えての「手抜き」
「不要・ムダ」からの「手抜き」

③日常的な「ちょっとした工夫」
日常的な「くふうの積み重ね」

④継続的な「小さな変更」の積み重ね
継続的な「小さな工夫」の積み重ね

☆

たしかに、これらは「間違い」ではない。だが、改善の「部分や特徴」を説明しているに過ぎない。

あたかも、「象」に関して

「鼻が長い」
「足が太い」
「耳が大きい」
「とにかくデカい」

――などと説明しているようなもの。

☆

もちろん、日常生活では言葉のすべてを厳密に定義する必要はない。お互いに、なんとなく、わかりあえれば、それで充分だ。

だが、企業や組織にて、全員参加の改善活動を展開するには全社員の共通認識が必要である。

そのため、筆者が所属する日本HR協会では改善に関して、次の「3つの定義」を提唱している。

①「手段選択・方法変更」
②「大変」でなく「小変」
③「制約対応&現実対応」

改善の3定義

①手段選択・方法変更

②大変でなく小変

③制約対応・現実対応

改善に対する
共通認識の形成を

①「手段選択・方法変更」

「仕事の改善」は「目的と手段」の観点から、次のように定義される。

「改善」とは
「仕事の任務目的」を
「より良く達成する」ための
「手段選択・方法変更」である。

わかり易い別の表現に改めるなら、次のようにも説明できる。

◎「より良い仕事」をするための
＊「より良い手段」の選択
＊「より良い方法」への変更
＊「より良いやり方」の工夫

これを逆に言えば、そこに「仕事のやり方の変更がない」ものは改善ではない。たとえば、
＊「再発防止に努める」
＊「周知徹底する」

*「徹底を図る」

――などは改善ではない。

それらは、ただ単に「願望や予定」を「言っている・だけ」に過ぎない。「具体的なやり方」の「変更・選択・工夫」がないので改善ではない。

一方、
◎「防止デキる」ように、
◎「徹底デキる」ように、
→「見える化した」
→「色分け化した」
→「目立つ化した」
→「順序を変えた」
→「部品を変えた」
→「材質を変えた」
→「一体化した」
→「一括化した」
→「同時化した」
→「分割化した」
――などのように「仕事のやり方」が具体的に変更されて、初めて「改善」と言える。

また、「仕事の目的の達成」に反したり、損なうような「変更・選択」はけっして、「改善」ではない。それは「改悪」である。

ただ単に、「仕事のやり方」を変えれば、いいというものではない。あくまでも、「仕事の目的」を、より良く達成するための変更でなければ、それは改善ではない。

つまり、「それは改善か、改善でないか」を判断するチェックポイントは
①「目的」の達成
②「手段」の変更
――の両面である。

目的の自覚と手段の柔軟性

どんな「仕事」にも、必ず、
①達成すべき「目的」
②達成するための「手段」がある
よって、「目的のない仕事」は存在しない。しかし、「自分の仕事」の
*「目的を自覚してない人」

*「目的を理解してない人」

*「目的を誤解している人」

――は、かなり存在する。

そして、「仕事の混乱・遅滞」などの「不都合の大半」は、このような人によって、引き起こされている。

☆

また、「自分の仕事の目的」は理解していても、それを「達成するための手段・方法・やり方」は
*「イロイロある」

*「変えられる」

*「変えてもいい」

*「変えるべき」

――ということを
*「知らない」

*「気づいてない」

*「無視している」

――という人も多い。

そのような人は「非効率的なやり方」や「惰性的なやり方」を、いつまでも続けている。

「工夫のない勤勉」は「知的怠慢」に過ぎない

「やりニクイ方法」なのに、それを「やり易化」しようとせず、ひたすら「ガマン・ガンバリ」という苦労を続けている人がいる。

本人はそんな「価値のない苦労」や「意味のない勤勉さ」に自己満足しているようだが、それは「知的怠慢」に他ならない。

また、「かつては必要だった」が、時代の変化とともに不要になっていることも多々ある。

だが、「惰性的な仕事のやり方」から抜け出せない人は、すでに「不要となっていること」まで、必死で一生懸命、残業してまでやっている。

そのような人は

「昔から、こうしているから」
「以前から、こうしているから」
「こうするように、指示されたから」

——と言う。

だが、「以前からの方法」や「指示された方法」を、いつまでも、永遠にやらなければならないというキマリはどこにもない。

「状況や条件」が変われば、それに伴って、「仕事のやり方」も変えるべきだろう。

☆

なお、「不具合や不都合なこと」に対する「やり方の変更」には、

①「現象・対策」

②「原因・対策」

——の「2種類」がある。

「現象対策」は「不具合の原因」を取り除かないので、「同じような不具合」がいつまでも繰り返される。

「現象対策」は「修繕」に過ぎない。「真の改善」は「原因対策」である。

「修繕と改善」に関しては、追って、詳しく解説する。

②改善は「大変」でなく、「小変」である

「やり方を変える」のが改善だが、「変え方」には、大きく分けて

＊「大きく変える＝大変」

＊「小さく変える＝小変」

——の2種類がある。

そのうち「大きく変える＝大変」を「改革・革新・変革」や「イノベーション」と言う。

それは「多大な投資」や「先進的な技術」、あるいは「最新機械や設備」を投入して、一挙に「大きな成果」を得る方法だ。

もちろん、「リスク」も大きいので、まさに「大変なこと」である。誰もが、気楽にデキることではない。

ゆえに、「大変＝革新・改革」は、しかるべき「地位・権限・能力」のある人が、責任を持って取り組むべき。

一方、「改善」は、そんなに大袈裟なものではない。

改善は「仕事のやり方」を

＊「ちょっと変える」

＊「少しずつ変える」

＊「小さく変える」

——という「小変」に過ぎない。

ゆえに、改善は、誰もが、気楽に、手軽に、日常的にできる。なぜなら、改善はやり損なっても「やり直し」ができるからだ。

逆に言えば、「やり直しのデキる範囲」が、その人にとっての「改善の範囲」である。

それに対して「大変」は、やり損なうと大変なことになる。ゆえに、「大変＝改革・革新」は、慎重に、計画的に、じっくりと腰を据えて取り組まなければならない。

一方、「改善＝小変」はそんなに難しく考える必要はない。とりあえず、やってみて、

「やってダメなら、また改善」

「それでもダメなら、また改善」

——という対応ができる。

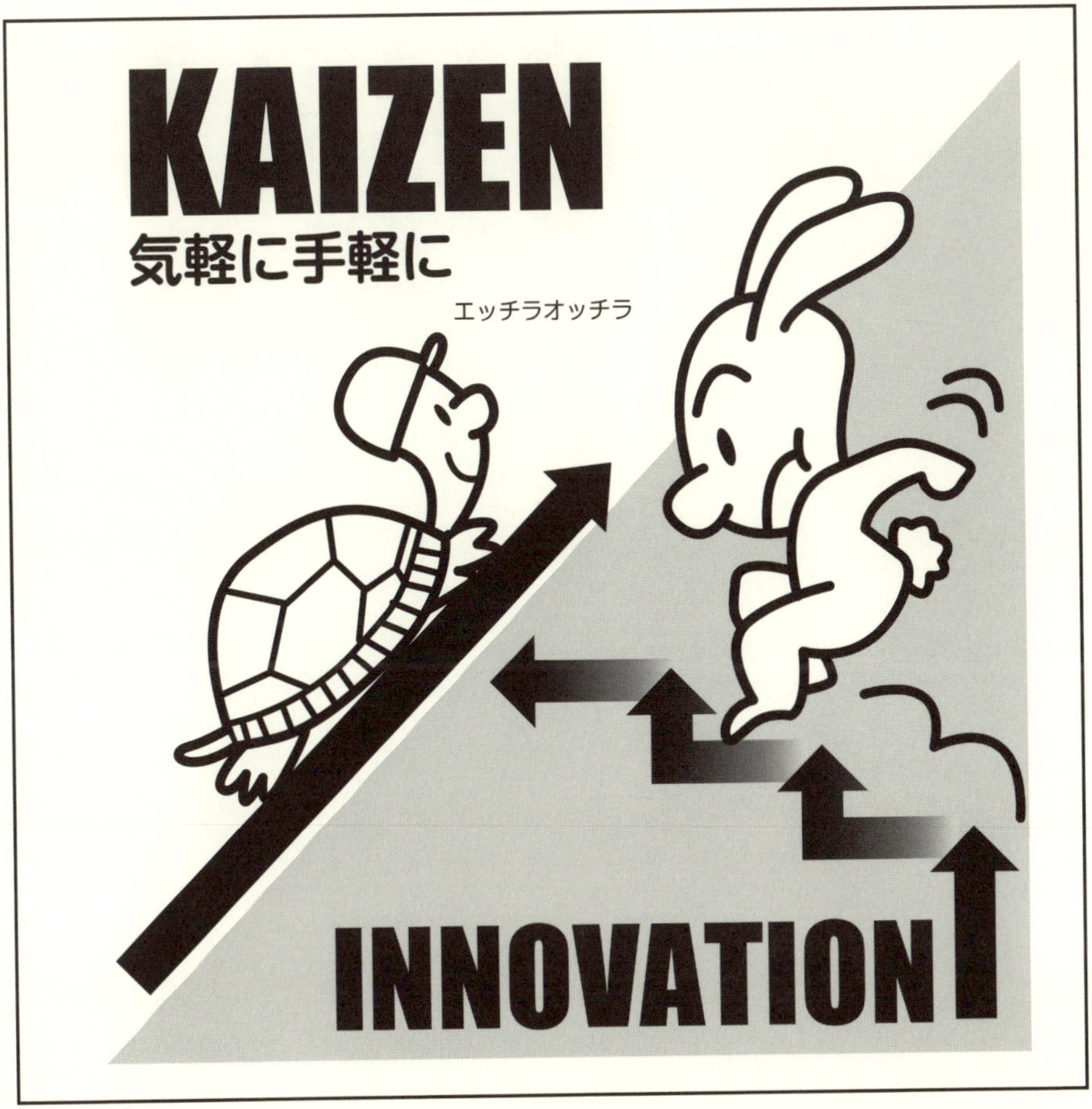

「たかが改善」の継続が「されど改善」につながる

もちろん、「小変」ゆえ、「改善の効果」は、たかが知れている。まさに、「たかが改善」に過ぎない。

しかし、「たかが改善」と言えども、それらが全部門で、全社員によって、日常的にされるなら、その蓄積効果は膨大なものに、即ち「されど改善」となる。

また、「ちょっとした変更」に過ぎないので、「1回だけの改善」では、「問題のすべて」を解決できない。

ゆえに、改善は1回だけではダメ。

「やって良ければ、さらに改善」
「やって良ければ、もっと改善」
——と継続することによって、初めて、問題解決となる。

改善を英語では、
「Continuous Improvement」
——というが、まさに「継続的変化・変更・工夫」の「積み重ね」が改善である。

☆

もっとも、以前は、改善はただ単に「Improvement」と英訳されていたものである。

しかし、海外に進出した日本企業が「Improvement」という英語で説明しても、「改善の意味」が伝わらないことが多々あった。

そのためか、いくつかの会社では、英語ではなく、やむをえず日本語をそのまま発音した「KAIZEN」という言葉を使用していた。

この状況を、見事に打開したのが一九八六年に発行の「KAIZEN」という英文書である。

著書の今井正明氏は、次のように説明している。

①欧米人にとって「Improvement」のイメージは日本語の「改革・変革」などの意味に近い。

②日本の企業人がイメージしている「改善の意味」を、そのままうまく「表現できる英語」はない。

③ゆえに、「改善の真意」を英語で、説明するには

＊「Small Change」
＊「Small Improvement」
＊「Continuous Improvement」

――などのように「形容詞」で補足しなければならない。

☆

「従来の英語にない概念」を補足説明なしで、「一言で表現する」には「新しい言葉」を創り出すか、または「原語」をそのまま使うしかない。

そこで、日本の企業人がイメージしている「改善の概念」、つまり、

＊「小さく変える」
＊「少しずつ変える」
＊「継続的な変更の積み重ね」

――などを意味する「英語」として「KAIZEN」というビジネス用語の提唱がなされた。

それにて、それまで日系企業だけで使用されていた「KAIZEN」が、世界的に認められるようになった。

少なくとも、ビジネス用語として、「立派な英語」として通用している。

また、

・「スシ」
・「テンプラ」
・「カラテ」
・「ジュード」
・「サムライ」
・「ハラキリ」
・「オリガミ」
・「マンガ」
・「ツナミ」

――などと同様、オクスフォード・辞書など、権威のある英語辞書にも「英語化された日本語」として収録されている。

改善の4つの表記法

①かいぜん＝柔らかなイメージ
②カイゼン＝小変の意味強調
③KAIZEN＝英語として通用
④改善＝ビジネス用語では小変

状況によって
使い分けるのが
改善的な表記法

「改善」のイロイロな表記法

「日常的な言葉」としての「改善」の意味そのものは、あくまでも「善く改める」に過ぎない。

しかし、ビジネスや産業の世界では「改善」は「改革・革新＝大変」と対比すべきもの、つまり、「改善＝小変」と理解されている。

よって、「日常語としての改善」と「ビジネス用語として改善」を明確に区別するため

＊「カイゼン」
＊「ＫＡＩＺＥＮ」

——などのようにカタカナやローマ字で表記することもある。

ちなみに、英文書の「ＫＡＩＺＥＮ」が日本語に翻訳され、出版された時のタイトルは「カイゼン」であった。

また、「改善」を堅苦しく感じている社員の「固定観念や誤解」を解くため、

＊「かいぜん」

——と敢えて「ひらがな」で表記している会社もある。

☆

モノゴトを「サイズ」で分類するには、「大・小」の2分類でなく、その中間に「中」がある。

よって、「仕事のやり方の変更」に関しても、やはり

*「大変」
*「中変」
*「小変」

——の「3分類」が適切だろう。

これら「大変・中変・小変」の分類基準は、追って、解説の予定。

☆

とりあえず、大雑把な説明として、それらに取り組むべき「単位」として、次のような理解が勧められる。

*「大変」→「組織・会社」で
*「中変」→「サークルや課」で
*「小変」→「個人」で

③「制約対応」&「現実対応」

①ナゼ、「仕事のやり方」を、
　変えなければならないのか。
②「どのように変えればいいのか」
　「どうすれば、変えられるか」

——という改善の

①「WHY」
②「HOW」

——に応えるのが「第3定義」である。

☆

ナゼ、「仕事のやり方」の「変更・工夫」という改善が必要か。それは、世の中が変化しているからだ。

世の中の変化がなく、仕事の条件・状況が全く同じならば、改善の必要はない。今までの「仕事のやり方」を、そのまま続ければいい。

だが、ナニゴトも否応なしに変化している。たとえば、

*「新しい技術」の開発
*「新しい素材」の出現
*「顧客ニーズ」の変化
*「競合企業」の動向
*「経済情勢」の変化
*「規制や法律」の変更

——など。

これらの「変化に対応する」には、各人がそれぞれの「仕事のやり方」を多少なりとも「工夫・変更」しなければならない。

「変化に対応できない企業」は、やがて潰れていく。企業が生き残るには、全社員が、それぞれの立場で、それぞれに応じた——「工夫・変更」に取り組まなければならない。

各人が取り組むべき「変化・変更」のサイズは、組織における地位や役割によって、だいたい次のように分類されている。

①「大変」←「経営者」
②「中変」←「幹部・管理職」
③「小変」←「一般社員・全社員」

現実直視と制約対応

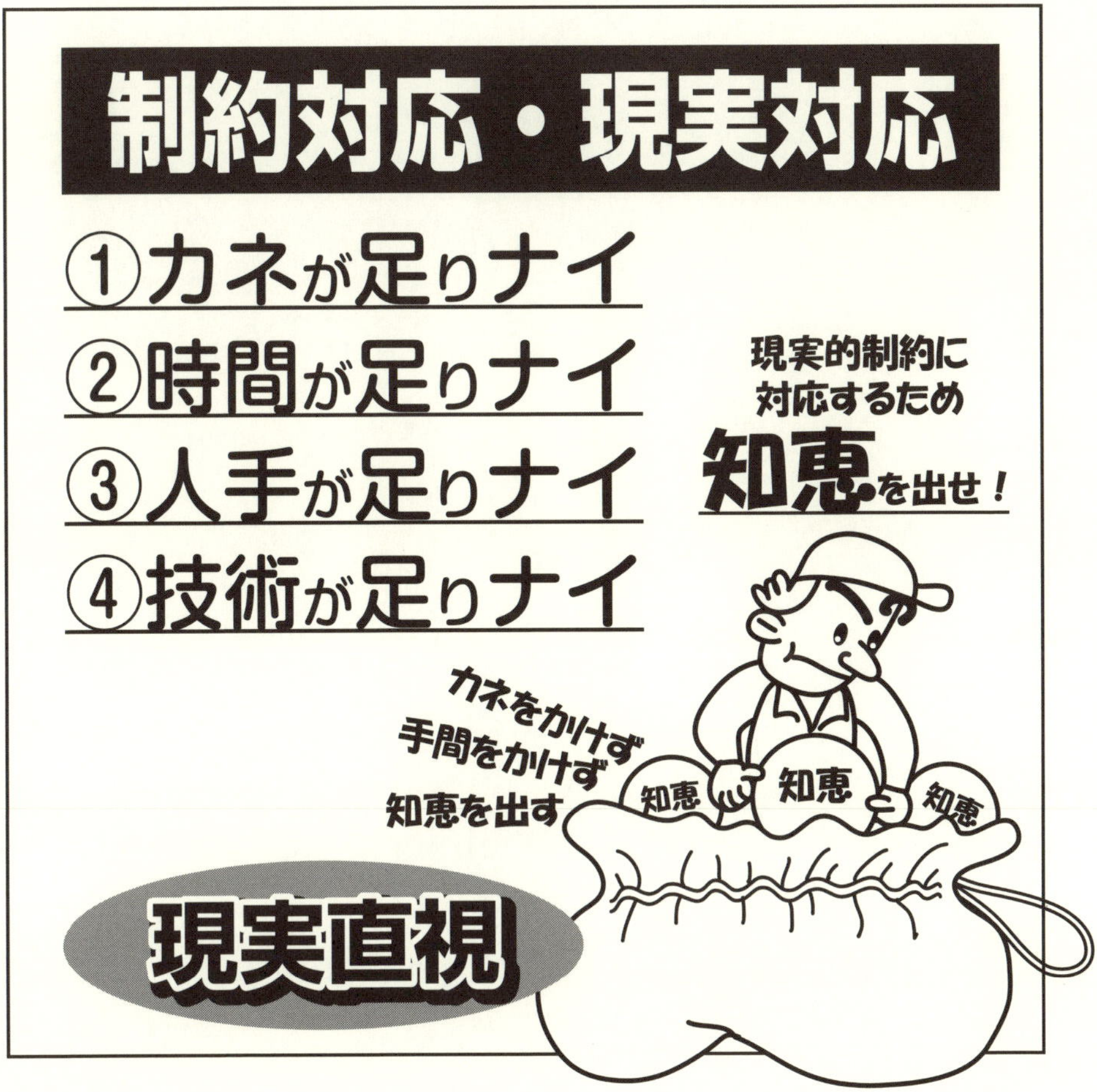
制約対応・現実対応
①カネが足りナイ
②時間が足りナイ
③人手が足りナイ
④技術が足りナイ
現実的制約に
対応するため
知恵を出せ！
カネをかけず
手間をかけず
知恵を出す
知恵
知恵
知恵
現実直視

また、「現実」には、必ず制約というものがある。つまり、

＊「時間」
＊「カネ」
＊「人手」
＊「技術」

——など。

どの会社も「無限のカネと時間」を持て余しているわけではない。

多くの会社は

＊「カネ」がナイ（足りナイ）
＊「時間」がナイ（足りナイ）
＊「人手」がナイ（足りナイ）
＊「技術」がナイ（足りナイ）

——という「ナイ・ナイ尽くし」の「現実的な制約」に直面している。

「手っとり早い実施」を重視する改善は、これらの現実を直視しなければならない。

もちろん、「大変なこと」を実施・実現させるには、多くのカネや先進的な技術、最新の設備・機械——などが必要だ。

ゆえに、「大変＝改革・革新」ではそれらの「条件や制約」を突破しなければならない。

たとえば、

＊「カネ」＝銀行から借りる
＊「時間」＝企業買収や合併
＊「人材」＝スカウトする
＊「技術」＝ライセンス契約

――など、それなりに「大掛かりな対応」が必要だ。

だが、「手っとり早い改善」は、そのような「大袈裟なこと」でなく、

＊「手間」をかけず
＊「カネ」をかけず
＊「知恵」を出す

――という対応が求められる。

つまり、「大袈裟なこと」を知恵によって、できるだけ「小袈裟化＝手間をかけナイ化する」のが改善である。

「大変」＝制約を変える
「小変」＝制約に対応

つまり、「大変＝改革・革新」は「制約条件」を変えることによって、「実施・実現」を図るもの。

それに対して、「小変」はそれらの「制約条件」において、

①「デキること」を見出す
②「デキる方法」を考え出す
③「デキる範囲」で実施する

――というもの。

これが「手間をかけず、カネをかけず、知恵を出す」という改善の意味である。

もっとも、実際は、まったく手間もカネもかけず――というわけにはいかない。

ゆえに、厳密には

①なるべく「手間」をかけず
②できるだけ「カネ」をかけず
③おおいに「知恵」を絞り出す

――と言うべきだろう。

もちろん、

＊「なるべく」とは、どの程度か
＊「できるだけ」は、どの程度か
＊「おおいに」とは、どの程度か

――という質問もある。

それに関しては、追って「小変の定義」にて解説する。

とりあえず、その概略を簡単に説明すれば、「小変の範囲」は、次のように定義できる。

①「頻度」＝毎月できる程度
②「予算」＝直属上司の決裁範囲
③「奨金」＝互いに心理的負担にならない程度の金額

☆

つまり、

＊「ムリなく」
＊「手軽に」
＊「気楽に」
＊「手っとり早く」

――実施デキるのが、各人にとっての「小変＝改善」の範囲である。

改善の3定義

1） 手段選択・方法変更

①仕事の「やり方」を変えること
②「やり方」を変えての「手抜き」
③仕事の「目的」を、「より良く達成」するための
「より良い手段の選択」、あるいは「より良い方法への変更」

＊「やり方の変更」がなければ、「改善」ではない（修繕）
＊「目的」に合致した手抜き、「目的」を意識した手抜き

2） 大変でなく小変

①「仕事のやり方」を小さく、少しずつ変えること
②各人の「権限と能力の範囲内」での変更・選択
③「小変」ゆえ、「手っとり早さ」＆「継続」が不可欠

＊「大変」＝大きく変える＝改革・変革・革新
＊「小変」ゆえ、気楽に、手軽に、とりあえず着手

3） 制約対応・現実対応

①現実的・制約の中での実施
②手間をかけず、カネをかけず、知恵を出す
③忙しいから改善、忙しい人ほど改善

＊カネ・時間があれば改善不要（ヒマなら改善不要）
＊制約があるから改善→それを乗り越えるため知恵を出す

第2章

手っとり早い改善実施ノウハウ②

「改善の方向」と「改善のレベル」の研究

「より良い改善」への
「より良い指導&アドバイス」には
「改善の方向」と「改善のレベル」の両面が必要。

改善のベクトル

改善の「方向と量」に関する考察

「ベクトル」というなにやら、難しそうな言葉がある。一般的には
「ベクトル合わせが必要だ」
「ベクトルが合っていない」
——などと「方向・指向」の意味で使われている。

しかし、厳密には、ベクトルは、「方向・だけ」でなく「量＝大きさ・程度」などの両面を含むものである。

よって、「改善のベクトル」と言う場合には、
①「どの方向」を目指しているか
②「どの程度」のものか
——という「方向」と「量」の両面を考慮しなければならない。

「くろう」と「くふう」の方向の違い

「改善の方向」に関しては、マズ、
＊「くろう＝苦労」
＊「くふう＝工夫」
——が対比される。

「くろう」と「くふう」は、わずか、「一字の違い」に過ぎない。だが、その「方向」はまったく「逆」である。

「くろう＝苦労」とは問題に対して
＊「ガンバリ」
＊「ガマン」
＊「精神力」
＊「気合い」
＊「根性」
——などで「立ち向かう」こと。

もちろん、「問題」を無視したり、「問題から逃避する」よりは、立派な姿勢である。

また、「日常的問題」のほとんどはとにかく、「ガンバリ・ガマン」で、なんとかなる。

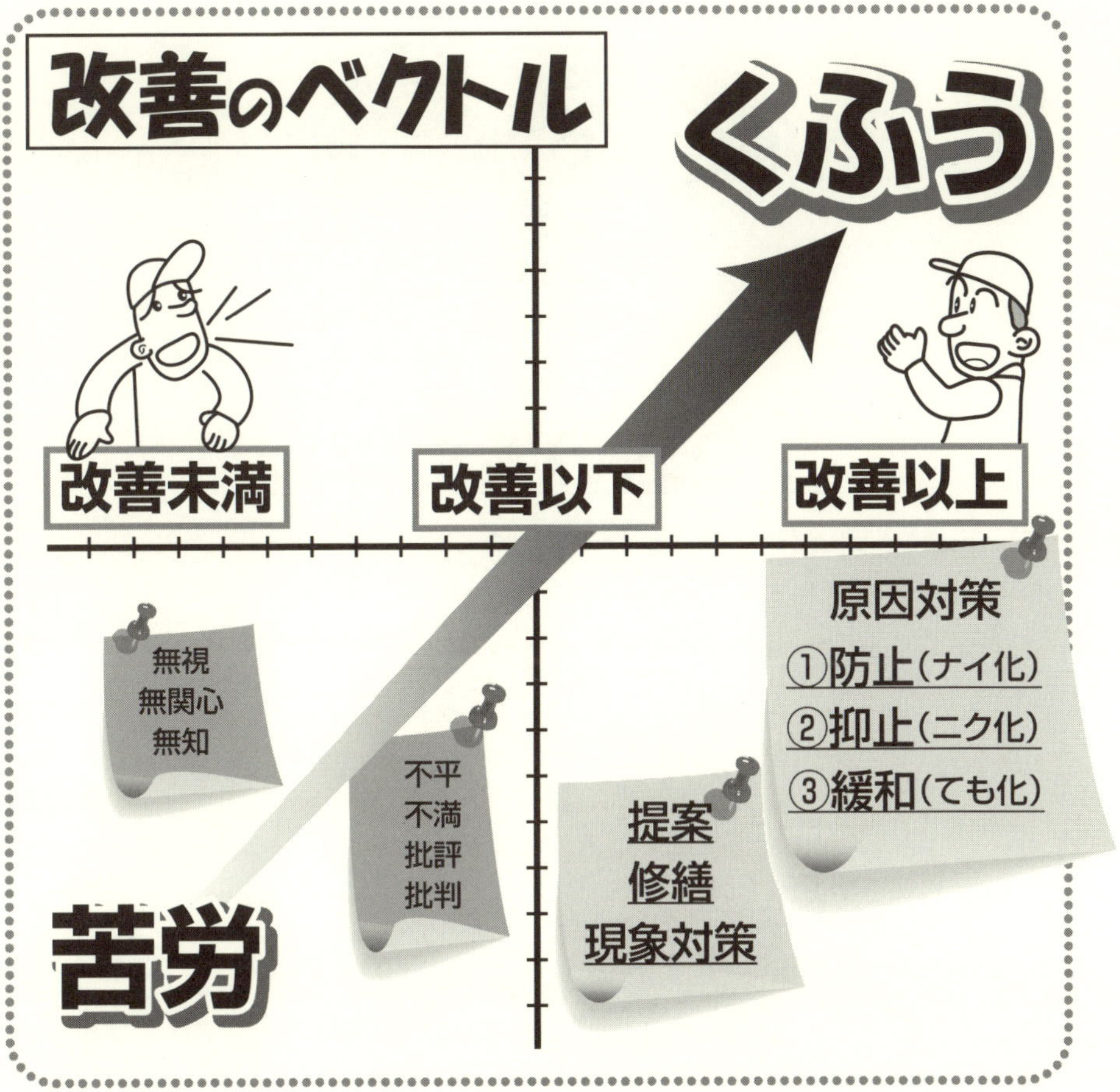

しかし、そこに「やり方の工夫」がないので、同じような「ガンバリ・ガマン」を、いつまでも、続けなければならない。

しかも、生身の人間の「ガンバリ・ガマン」には限界がある。そのため、「くろう」による「問題対処法」は、やがて破綻する。

いくら、「間違えない」ように、

＊「ガンバリます」
＊「気をつけます」
＊「注意します」
＊「徹底します」

——などと言っても、「注意力」には限界がある。

そのため、いくら頑張っても、気をつけても、注意しても、徹底しても、いつか「間違い」が発生する。

このような場合、たいてい

「2度と繰り返さないように」
「再発防止に努めます」

——といった謝罪がなされる。

しかし、

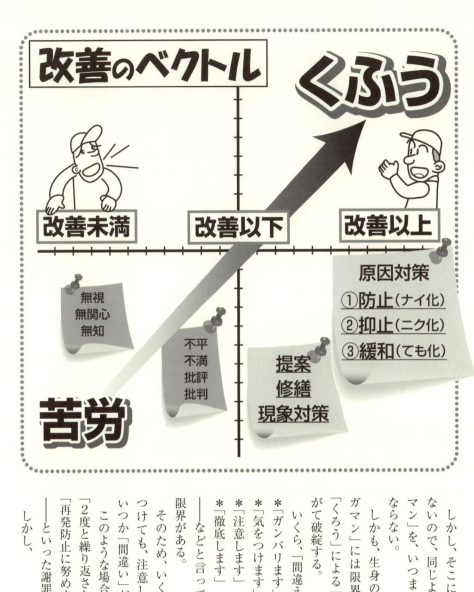

◎「2度と繰り返さないように」
＊「ガンバリます」
＊「気をつけます」
＊「注意します」
＊「徹底します」
——という「対応策・だけ」では、やはり、「同じこと」が2度も、3度も、いつまでも繰り返される。

もちろん、しばらくの間は、少なくとも「緊張感」が持続している間は「間違い」も防げる。

だが、「人間の緊張」はいつまでも続かない。気が緩んだ時、また「同じ間違い」が発生する。

もちろん、「重大な間違い」にて、「莫大な損害・被害」となった場合、まさに、「肝に銘じて」などという「真剣な対応」もなされる。

しかし、その場合も、「担当者」が変わると、「元の木阿弥」となってしまう。いくら、厳重に「申し送り」をしても、「他人の肝」にまでは、何も書き込めないからだ。

重大な災害や事故に関して、よく、「教訓を風化させてはならない」などと言われている。
だが、時が経てば、ナニゴトも風化していく。人々の記憶は薄れていく。どんなに「立派な教訓」も、やがて形骸化して、「再発防止」には役立たなくなる。

「やり方」の変更が「工夫＝くふう」

それに対して、「くふう＝工夫」は「やり方の変更」によって問題に対処する。
すなわち、
◎「間違えない」ように、
＊「気をつける」
＊「注意する」
＊「徹底する」
——のではなく、
◎「間違えられナイ化」
◎「間違えない化」

◎「間違えニク化」

――などといった具体的な「やり方の変更」や「仕組みの変更」などを伴っている。

「変更の程度」は「3段階」に分けられる

「やり方」を変えるのが工夫だが、「やり方の変更の程度」は大まかに次の「3段階」に分けられる。

①**「大変」**（大規模な変更）
②**「中変」**（中規模の変更）
③**「小変」**（小規模の変更）

そのうち、改善は「小変」である。つまり、「仕事のやり方」を「小さく、少しずつ変える」のが改善である。

ちなみに、「大変」には「改革・変革・革新・イノベーション」などの用語が用いられている。

「中変」は「ひとりでは、なかなかデキない・難しい」という程度の変更ゆえ、「QCサークル」や「チーム」など、「集団での取り組み」が勧められる。

また、「思いつき」では解決できない問題なので、「QC七つ道具」など様々な「改善技法」の活用が必要となる。

「問題」から「改善」までの3段階

改善とは「問題解決」だが、その「問題への気づき」や、それに対する反応や対処法も、やはり、次のように「3段階」にわけられる。

①**「改善・未満」**
②**「改善・以下」**
③**「改善・以上」**

☆

「問題」がなければ、ワザワザ改善する必要はない。また、たとえ、問題があっても、それに気づかなければ、改善の必要を感じないだろう。

また、問題に気づいても、それらを無視すれば、やはり、改善は不要だろう。この状態こそ、まさに「改善・未満」に他ならない。

さらに、問題に気づいても、それに対する反応もいくつかの段階がある。初期段階では、単なる「不平・不満」や「批判・評論」に過ぎない。

だが、そのうち「具体的な解決方法」や「対策案」などの「提案・提起」につながっていく。

それらは「実施済み改善」ではないが、「改善」にかなり近づいているという意味で、ここではあえて「改善・以下」としておこう。

そして、「デキること」からの着手によって、「改善・以上」となる。なお、「実施済・改善」のレベルも、その程度によって次のような「3段階」に分けられる。

①**防止**（ナイ化＝最善）
②**抑止**（ニク化＝次善）
③**食い止め**（ても化＝次々善）

問題から改善へ
問題解決への方向 &

レベル3段階

1）改善・未満

①問題に気づかない（無知・無関心）
②問題に気づいているが無視
＊問題に無知・無関心、あるいは問題を無視

2）改善・以下

①不平・不満・批判・批評
②問題への提案・提言
③現象対策の実施＝修繕
＊問題を認識→何らかの反応・アクション

3）改善・以上

①防止（ナイ化）＝防止・廃止＝根本的解決（最善）
②難化（ニク化）＝問題を少しでも減らす（次善）
③緩和（でも化）＝食い止め化・波及防止
＊とりあえず、デキルことから、改善の実施
＊とにかく、「デキルところまで」の改善の実施

「修繕」から「改善」へ
「現象対策」から「原因対策」へ

改善の「第一定義」は、
◎**「任務目的」を**
「より良く達成する」ための
「より良い方法への変更」
「より良い手段の選択」である。

☆

それを、簡単に、わかり易く言えば「仕事のやり方」を「変える」ということだ。

ゆえに、そこに何らかの「やり方の変更」がなければ、それは、けっして改善とは言えない。

たとえば、改善活動の初期段階では
多くの会社で、

*「散らかった」ので「片付けた」

*「乱雑」だったので「整理した」

*「汚れていた」ので「拭いた」

*「間違えた」ので「訂正した」

*「不要なもの」を「捨てた」

*「壊れた」ので「修理した」

——などといった「改善メモ＝改善報告書」が多々提出される。


もちろん、そのような「不都合」なことを放置したままより、「捨てる・片付ける」などの「行為」のほうが、はるかに好ましい。

だが、これらは改善ではない。なぜなら、そこに「やり方の変更」がないからだ。

「修繕」は「改善」ではない

そのため、「不要なもの」を捨てた時には、棚や部屋がキレイになったとしても、しばらくすると、また、「不要なもの」が溜まっていく。

そして、またしても「不要なもの」を捨てる——という行為を繰り返さ

なければならない。
つまり、
①「不要なもの」が「溜まる」
②「不要なもの」を「捨てる」
——という「まったく同じこと」や「同じレベルのこと」が、いつまでも繰り返される。


そのような場合、改善に「奨金」を払っている会社では、

*「散らかった」→「片付けた」

*「汚れた」→「拭いた」

*「壊れた」→「修理した」

——などという「同じような行為」の繰り返しに、毎回、奨金を払うのは、「オカシイのではないか」

——という声が出てくる。


まさに、「正論」である。なぜなら、これらの事例は「修繕」に過ぎない。けっして、「改善」ではないからだ。

☆

「修繕」と「改善」は似てはいるが、根本的には、明らかに「異なる」ものである。なぜなら、

＊「修繕」＝「現象・対策」
＊「改善」＝「原因・対策」
——だから。

つまり、「不要なもの」が溜まって「乱雑・不快・邪魔になる」という「不都合な現象」に対して、「不要なものを捨てる・片付ける」などという「動作や行為」は「現象対策」に過ぎない。

もちろん、たとえ、「現象対策」であっても、何もやらないよりはマシだ。「散らかったまま」よりは、片付けるほうがいい。

しかし、

＊「不要品が溜まる」
＊「散らかる」
＊「汚れる」
＊「壊れる」

——などという不都合の「原因」への対策がないので、しばらくすると、また同じような状況となる。

そして、また

＊「不要品を捨てる」

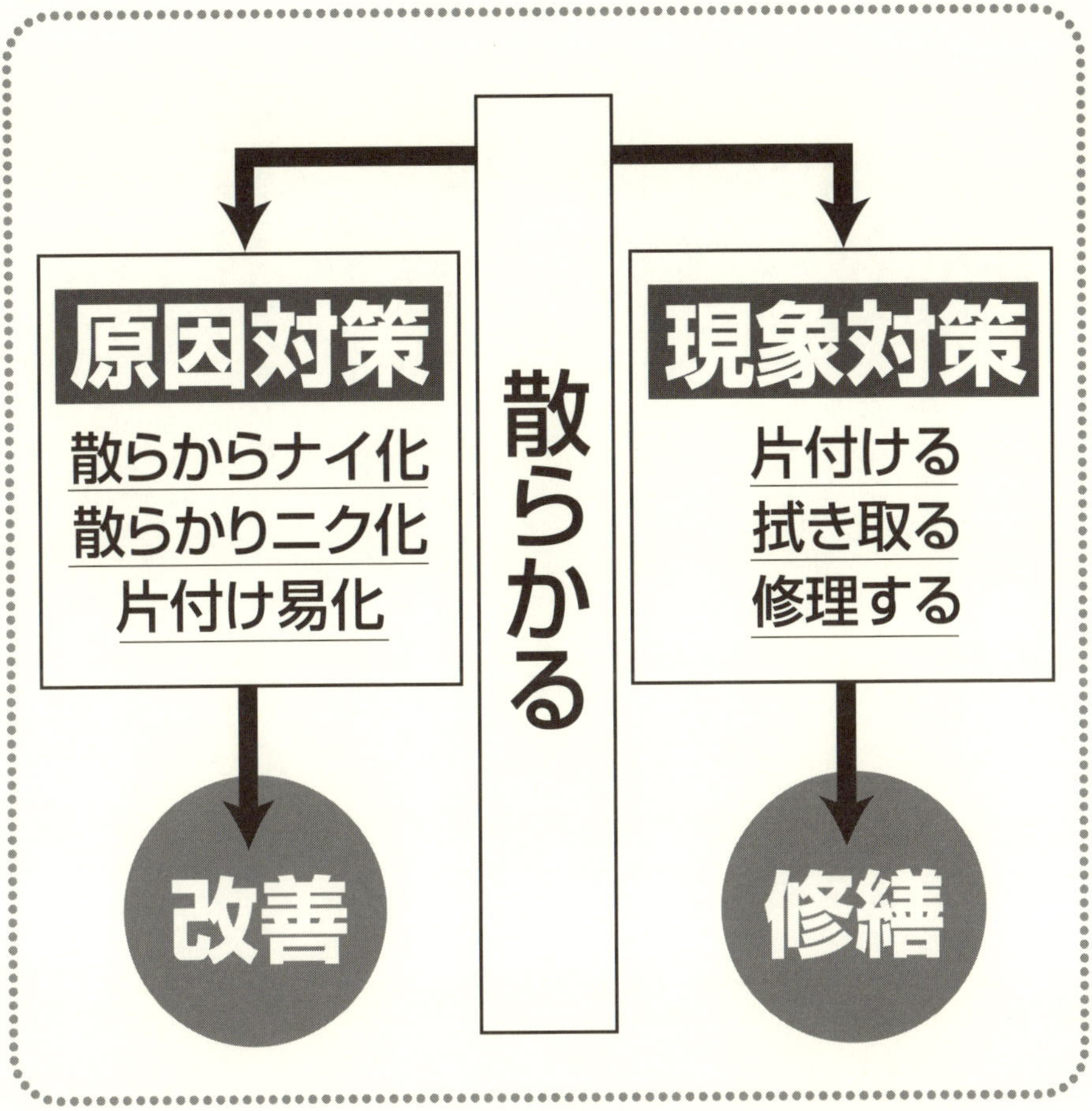

＊「片付ける」
＊「拭きとる」
＊「修理する」
——などの「動作・行為」を繰り返さなければならない。

「修繕」は「改善の芽」である

もっとも、「改善活動の初期段階」では、このような「修繕」も、認めることもある。

なぜなら、少なくとも、そこには

①「問題」への「気づき」
②「問題」への「対処・対応」

——という最も重要な「改善の芽」があるからだ。

せっかくの「改善の芽」を、

「それは修繕に過ぎない」
「それは改善ではない」

——と言って、摘み取り、切り捨て、踏みにじるのは、けっして「改善的な対処法」ではない。

「改善の芽＝修繕」を改善の方向に導き、育て、やがて「花を咲かせる」のが「改善的な指導」である。

「修繕」では「進歩・発展・成長」がない

ところが、「改善」と「修繕」を明確に区別していない会社では、

＊「不要なものを捨てた」
＊「片付けた・整理した」
＊「拭いた・キレイにした」

――という行為や動作に対して、「やらない」よりは、「やった」ほうがいい――などの理由で、改善と認めてしまう。

しかし、それは「その人の成長」を止めてしまうことになる。少なくとも、「改善能力の開発」を阻害する。

なぜなら、そのような単なる「動作・行為にすぎないもの」が「立派な改善」だと認められると、その人は、それで満足してしまう。

そして、いつまでも

＊「不要品が溜まる」→「処分する」
＊「汚れる」→「キレイにする」
＊「散らかる」→「片付ける」
＊「壊れる」→「修繕する」

――ということを繰り返す。

少なくとも、

◎「不要品」が

＊「溜まらナイ化」
＊「溜まりニク化」

――するには、どうすればいいのかという「改善的な方向」への発想が生まれてこない。

初期段階では、とりあえず、「現象対策」も認める。しかし、「認めっ放し」ではダメ。それでは修繕レベルで満足し、「真の改善」への進展がない。

☆

ところが、それら「修繕レベル」のものは「真の改善」ではないと、明確に釘を刺した上で、その次の段階として「改善＝原因対策」を求める指導がなされるとどうだろうか。

次には、多少なりとも

◎「汚れナイ化」
◎「壊れナイ化」
◎「散らからナイ化」

――という「改善的な方向」へアタマが働き始める。

もちろん、常に「ナイ化」という「最善の改善」が実施できるとは限らない。その場合は

＊「汚れニク化」
＊「壊れニク化」
＊「散らかりニク化」

――という「次善の改善」でもいい。

もっとも、仕事の内容や状況によって、どうしても「ナイ化」も「ニク化」も難しいこともある。

その場合は、たとえ、汚れても、壊れても、散らかっても

☆「拭き取り易化」
☆「なおし易化」
☆「片付け易化」

――など「ても化」（緩和・食い止め化）というレベルの改善でもいい。

修繕と改善の違い

修繕＝現象対策
改善＝原因対策

製品のキズを修復、文書の間違い訂正など
これらは修繕にすぎない。原因対策がないからだ。

原因が除去されないので、また、「同じような問題」が
発生、そして、また「同じような修繕」が必要となる。

修繕＝やり方の変更なし
修繕＝同じことの繰り返し

改善は
「なぜ、キズがつくのか」
「ナゼ、間違うのか」―――と、原因を追及し、
原因を除去する。ゆえに、「原因除去の程度」に
応じた進歩やレベルの向上が伴う。

改善＝やり方の変更あり
改善＝進歩＆レベル向上あり

「小変」とは「どの程度のもの」か？
「小変」の「3つの目安」

経営には、「大変・中変・小変」の3つのサイズの「変革・変化・変更」が必要だ。

多大な投資やリスクを伴う「大変」なことは、計画的に取り組まなければならない。

だが、「仕事のやり方」を「小さく変える＝小変」は、日常的に、気楽に、手軽に、手っとり早くできる。

すると、

＊どの程度が「小変」なのか

＊どこまでが「小変」の範囲か

――といった質問が出てくる。

「小変・中変・大変」の範囲は各人の「地位・能力・経験」によって、それぞれ異なる。

たとえば、初めて海外旅行する人はそれは「大変」なことだろう。だが、そのような人でも、その後、何回か、海外に行っているうちに、「中変」になり、そのうち、「小変」になってしまうかもしれない。

☆

また、「改善にはどの程度までの費用が許されるのか」――という質問もある。

これも、それぞれの企業の「業種・規模・風土・経営状況など」によって異なる。

☆

とは言うものの、「全員参加の改善活動」を推進するには、「どの程度が改善＝小変の範囲」か、誰でもわかるような「基準」が必要だ。

そこで、次のような「3つの目安」が勧められる。

①「頻度」による目安
②「上司権限」による目安
③「奨金」による目安

小変 中変 大変

の範囲と区分基準

◎「小変」とは「どの程度」のものか？
◎どこまでが「小変」の範囲なのか？
◎「小変・中変・大変」の区分基準は？

大変 中変 小変

の範囲は各人の

地位 能力 経験

によって異なる

「改善＝小変」の「３つの目安」

① 「頻度」による目安
② 「上司権限」による目安
③ 「奨金・賞金」による目安

1 頻度による「小変」の目安
毎月、ムリなくデキる程度

「小変」とは「どの程度」のものか。

その「目安」のひとつは「月1件」という「件数基準＝頻度基準」である。

つまり、「毎月1件、ムリなくデキルような工夫・変更」が「その人」にとっての「小変」の範囲である。

☆

「毎月デキルようなこと」となると、それは、けっして「大変なこと」でも、また「中変なこと」でもない。

「その人」にとって「大変なこと」は「1年以上」、あるいは「数年」かけてやるようなものだろう。

また、「中変なこと」とは、だいたい「数ヶ月」くらいかけて、取り組むべきものである。


「QC活動」で「数ヶ月」、あるいは「半年くらい」で、「1件のテーマ」に取り組むことが勧められている。

それは、まさに「QC＝中変活動」であることを意味している。

「件数目標」による「小変イメージ」の共有化

改善活動の初期の段階で、

「最初から毎月1件はムリだから」

――などと言って「年1件」あるいは「年数件」などを「件数目標」とする会社がある。

だが、それは大きな間違いだ。なぜなら、「年1件」と聞いた瞬間、ほとんどの社員は
「1年もかけてやるスゴイこと」

「年に1回だけ改善すればいい」

――という「誤ったイメージ」を持ってしまうからだ。

また、上司も、

「1年かけて、じっくり取り組め」など「誤った指導」をしてしまうこともある。

そして、部下からの「簡単な改善＝小変」の提出に対して、

「1年もかけて、この程度か」

――などと言って、それらを否定・拒否・拒絶してしまう。

☆

「改善＝小変＝日常的なちょっとした工夫・変更」を求めるのなら、その「件数目標」は、最初から、最後まで、一貫して「毎月・1件」を掲げるべきだろう。

それは、「毎月、ムリなくデキルようなちょっとした工夫」――というメッセージの発信に他ならない。

改善＝小変の範囲の目安

①頻度 ②上司権限 ③奨金額

①頻度の目安

毎月1件

毎月1件ムリなくデキル
ちょっとした工夫・変更が、「その人」にとっての
「小変＝改善」の範囲である。

「毎月デキルこと」は大変や中変ではない。

◎大変＝１年〜数年かけてやるべきこと
◎中変＝数ヶ月かけて取り組むべきもの

「改善＝小変＝ちょっとした工夫・変更」を
求めるなら、件数目標は、最初から最後まで
一貫して「毎月1件」とすべき。それは、
「毎月ムリなくデキルちょっとした工夫」
というメッセージの発信である。

2 上司権限による「小変」の目安
直属の上司が即決デキる程度

＊「カネ」をかけず、
＊「手間」をかけず、
＊「知恵を出す」
――のが改善である。

だが、「すべての改善」が、まったくカネをかけず、費用ゼロで実施デキルわけではない。

ゆえに、正確には、「なるべく、カネをかけず」と言うべきだろう。

すると、
「どの程度の出費が許されるのか」
――といった質問が出てくる。もちろん、その「金額」は「業種・職種・規模・経営状態――」などでそれぞれ異なっているので、「一律」ではない。

「改善の範囲」は「各人の能力や権限でデキル範囲」である。ゆえに、厳密には「各人の決済権限の範囲」が「改善に許される費用の範囲」だ。

「上司の権限」と「改善費用」の関係

だが、日本の会社では、一般社員に「予算権限」が明確に与えられているわけではない。

「出費」に関しては、上司に相談し、上司の承認を得てからというケースが多い。

そのような実態を勘案し、「上司の権限」と「改善の費用」の関係を考察すると、だいたい次のように区分できるだろう。

①直属上司が決済できる＝「小変」
②２段階上の上司の決裁＝「中変」
③３段階上の上司の決裁＝「大変」

☆

たとえば、「管理職の階層構造」が「係長→課長→部長」という会社では、一般社員は「ある程度の改善費用」が必要な場合、「直属の上司」である係長に相談しなければならない。

その係長が即座に決済できる範囲が「その社員」にとっての「改善＝小変の範囲」である。

もし、係長が「自分の権限」で決済できない場合、課長に相談しなければならない。それは、その社員にとって「中変の範囲」ということになる。

また、課長も、「自分の権限」では決済できず、その上の部長に相談しなければならないという場合、その社員にとっては「大変の範囲」ということになる。

改善＝小変の範囲の目安
①頻度 ②上司権限 ③奨金額

②直属の上司が 即座に決済できる範囲

「なるべく、カネをかけず知恵を出すのが改善」だが、実際には「どの程度までの出費」が許されるのか？ 厳密には、各人の「決済権限の範囲」が「小変の出費可能・範囲」である。

しかし、日本の会社では、必ずしも、すべての社員に明確な「予算権限」が与えられているわけではない。その実態を勘案して、「上司権限」と「費用」の関係を考察すると、

① **直属上司** が決済できる＝ **小変**

② **2段階上** の上司の決裁＝ **中変**

③ **3段階上** の上司の決裁＝ **大変**

「ある程度の改善費用」が必要な場合、社員は「直属の上司」である係長に相談しなければならない。

係長が「即座に決済できる範囲＝即決範囲」が、その社員にとっての「改善＝小変の範囲」である。

もし、係長が「自分の権限」で決済できず、課長に相談しなければならないなら「中変の範囲」。課長も「自分の権限」では決済できず、部長に相談しなければならないなら「大変の範囲」。

3 奨金額による「小変」の目安 気楽に払える・貰える程度

「改善の奨金」としては、どのくらいの金額が適切だろうか。

「気楽で、手軽な改善」の促進には、お互いに、気楽に、手軽に「払える」、あるいは、「受け取れる」ような金額が望ましい。

その「目安」として、たとえば「喫茶店の珈琲代」があげられる。もちろん、昨今はイロイロなタイプの喫茶店があるので、一概には言えない。

しかし、だいたい、「二百〜六百円」くらいだろう。いくら高くても、通常の喫茶店なら「千円以下」だろう。

それは、知人や友人と喫茶店に行って、自分が支払うにしても、相手に払ってもらうにしても、それほど「心理的な負担」にならない金額である。

それは、そのまま「改善活動」における「奨金」として、

◎「気楽に、払える金額」

◎「気楽に、受け取れる金額」

——でもある。

☆

「今日の物価水準」では、だいたい「二百円〜千円」くらいが「改善＝小変の範囲の目安」である。

「例外的な中変」は「二次審査」の対象となり、それらは「数千円」から「数万円」でいいだろう。だが、それらはあくまでも「例外」である。

改善の大多数を占める「小変＝ちょっとした工夫」は「一次審査＝即決審査」の対象だが、その「奨金額」としては、だいたい「珈琲一杯分」くらいが勧められる。

「高額の奨金」は「改善活動」に逆効果

改善をもっと活性化させるために、「奨金額を増やすべきだ」という意見がある。

しかし、それは気軽な改善活動、手軽な改善活動にとっては「逆効果」となる。

たとえば、「一次審査」の最低金額を「五千円」にするとどうなるだろうか。もちろん、当初は、カネに釣られて、「多くの改善」が提出されるようになるかもしれない。

だが、そんな「不自然なこと」は続かない。通常の「物価感覚」ならば、お互いに「改善の敷居」が高くなり、もはや、「気楽な、手軽な改善」ではなくなってしまう。

改善＝小変の範囲の目安

①頻度 ②上司権限 ③奨金額

③お互いに気楽に

払える←→受け取れる金額

「改善の奨金」は、どのくらいが適切か？

日常的な、**気楽**な、**手軽**な改善の促進には
お互いに、気楽に「払える←→受け取れる」金額が望ましい。

そのひとつの目安が喫茶店の「珈琲代」である。最近はイロイロなタイプの喫茶店があるので、一概には言えないが、だいたい200～600円くらいだろうか。高くても1,000円以下だろう。

それは知人や友人と喫茶店に行って、自分が支払うにしても、相手に払ってもらうにしても、いずれにしても、お互いに、それほど

心理的な負担にならない金額である。

それはそのまま、改善活動でも「改善の奨金」として、
◎気楽に、払える金額
◎気楽に、受け取れる金額 ―― である。つまり、
今日の物価水準では、だいたい

200円～1,000円くらいの奨金額が
「改善＝小変の範囲の目安」である。

改善がもっと出るように奨金額を増やしては ―― との意見がある。
たとえば、5,000円とした場合、通常の物価感覚ならば、

お互いに、「改善の**敷居**」が**高**くなり、もはや、気楽な、手軽な改善でなくなってしまう。そして、やがて改善活動は開店休業となる。

第3章

手っとり早い改善実施ノウハウ③
「現実的制約」に対する「改善＝小変的対処ノウハウ」

「改善」の「実施→実現」には
「現実的制約」への対処が不可欠。

「手っとり早い改善実施」のため、

「現実的制約」を「躱《かわ》す・捌《さば》く」。

「小変的対処ノウハウ」を事例と共に解説。

「制約」を克服する「小変的・対処法」

改善の「実施→実現」に際しては、必ずと言ってもいいほど、次のような「現実的・制約」に直面する。

①「費用」
②「時間」
③「技術」
④「利害の対立」
⑤「変化への抵抗」

☆

「改善を実施する」には、これらの「制約」を克服しなければならない。「制約を克服する」には、大きく分けて「2つの方法」がある。それは

①「大変＝大きく変える」
②「小変＝小さく変える」

――である。

もちろん、「大変なこと」の実施・実現には、「大変な対応」をしなければならない。

たとえば、「数億円」の費用を要する場合、「小変＝ちょっとした工夫」では追いつかない。「銀行融資」など「大掛かりな対応」が必要だ。

もちろん、そんなことは誰もが気楽にできることではない。ゆえに、「大変なこと」は、経営者や専門家が責任を持って、じっくり取り組むべき。

もちろん、それは「費用・だけ」のことではない。「大変なこと」を実施実現させるには「時間・技術・反対・抵抗」など「大きな制約」のすべてを克服しなければならない。

いわゆる「サクセスストーリー」はそれら「制約条件の克服物語」に他ならない。また、経営書や経営学などの理論やノウハウとは「大変な制約条件」への対処法である。

たとえば、「企業買収や合併」など、あるいは「技術導入」や「ヘッド・ハンティング」など――経営戦略のほとんどは「大変な制約」に対処する方法に他ならない。

手っとり早い改善実施への

5つの制約

もちろん、これらの「制約条件」は「世の中の変化」に伴い変わっていく。ゆえに、常に、新しい経営ノウハウや経営理論が生まれている。

「大変なこと」を実施・実現させようという「野心・野望」を持っているのなら、これら「大変なノウハウ」の研究が勧められる。

もっとも、それらに関しては多くの経営書や解説書が出版されているので、それらの「知識」を得ることは、それほど難しいことではない。

ただし、「大変なこと」の「実施→実現」は「知識・だけ」でデキるものではない。

「知識・だけ」なら「経営学者」や「経営評論家」など充分に持っておられる。だが、そのような人が「大変なこと」を実施→実現させたという話はあまり聞かない。

「大変」の「実施→実現」には、それらの知識よりも、むしろ「決断力・実行力・交渉力・調整力・突破力・持続力・執念力・陰謀力・人脈力」——などがモノを言う。

「小さな制約」への「小変的な対処ノウハウ」

だが、「企業や組織」で日常的になされているのは、そんな「大変なことばかり」ではない。

むしろ「日常業務」の大半は毎日のように発生している「小さな問題＝ちょっとした不都合」の対処に追われている——というのが現実である。

それゆえ、企業活動には大掛かりな「大変＝改革・変革・革新・イノベーション」だけでなく、「小変＝改善＝ちょっとした工夫」も不可欠。

「大変ノウハウ」に関しては多くの「経営書」や「解説書」が出版されている。また、新聞やテレビなどのマスコミでも報道や解説がなされている。

しかし、「小変ノウハウ＝手っとり早い改善実施ノウハウ」に関しては、どうだろうか。

多くの「ビジネス・ハウツー書」で「断片的なスキル&ノウハウ」は紹介されているが、「体系的な解説」は、あまりなされていない。

改善の専門誌　「創意とくふう」誌では、今まで、「手っとり早い改善実施ノウハウ」に関して、

①「改善の方程式」

②「改善の定石」

③「改善の公式」

——などで解説してきた。

本書ではそれらを「別の角度」から、つまり、「現実的な制約への対応」という観点から、あらためて体系的に解説する。

「大変ノウハウ」と「小変ノウハウ」の違い

「大変ノウハウ」も、また「小変ノウハウ」も「現実的制約」に対応し、「問題を解決する」という「目的」は同じである。

だが、その「目的」を実施、実現させるための「具体的な方法」に関しては「大きな違い」がある。

それは、「鶏の解体に、牛の解体に使う大きな牛刀を使うことなかれ」——と言われているように、「解決すべき問題」のサイズによって「道具や方法」などを「使い分ける」べき——ということだ。

「大変」と「小変」のそれぞれの実施ノウハウの「根本的な違い」は、

＊「大変」＝「じっくり取り組む」

＊「小変」＝「手っとり早くやる」

——である。

「大変＝大きな変更」には「大きなリスク」が伴なう。そのため、やり損なうと「大変なこと」になる。

それゆえ、けっして気楽に、軽率にやるべきものではない。それなりの「調査・計画・作戦」など「周到な準備」が必要。

一方、「小変＝小さな変更」には、そ

のような「大掛かりな対応」は不要。「とりあえず、やって・みる」――というスタンスで充分。

なぜなら、「小変」は、たとえ、やり損なっても、「やり直し」ができるからだ。「やり直しのデキる範囲」が、その人にとっての「改善＝小変範囲」である。

「大掛かりな大宴会」の開催には、「会場の予約」や「予算」を基にした「料理の手配」が必要だ。

だが、仕事帰りの酒場では、

「とりあえず、ビール」

――という対処で充分だ。

別の角度から「大変」と「小変」の「対処法の違い」を比較するなら、「大変」は「制約条件」を

①「変える」

②「突破する」

③「乗り越える」

――である。それに対して、

「小変」は「制約条件」を

①「躱《かわ》す」

②「捌《さば》く」
③「いなす・やり過ごす」

「ナイ」を「アルにする」のが大変対処法

たとえば、「カネがない・足りナイ」という状況に対して、
①「銀行から借りる」
②「株式を発行する」
③「資産を売却する」
——などで「使えるカネがナイ」という状況を、「何らかの方法」によって「使えるカネがアル」に、変えるのが「大変的・対処法」である。

あるいは、「充分な技術がナイ」という状況に対して、
①「技術提携する」
②「ライセンス契約する」
③「優れた技術者」をスカウトする
——など「充分な技術がアル」という状況に変えるのが「大変な対処法」。

また、「反対勢力」に対し、権力・カネなど、ありとあらゆる手段によって、「破壊・消滅・殲滅《せんめつ》・取り込み」などを図る。

場合によっては、陰謀や奇策、また「非合法な方法」などが行使されることもある。

まさに、ドラマチックな対応だ。そのため「大変なこと」に関しては、後日、映画やテレビで、ドラマ化されたり、ルポ番組などもある。

そのなかには、「虚・実」を混ぜた「やらせ」や「捏造」などによって、過剰な「物語化」や「神格化」がなされることもある。

「ナイ」を「ナイのまま」で対処する

それに対して、「小変」は「現在の技術力」や「現存のスタッフ」などで「デキルこと」を考える。あるいは、「デキル範囲」でやる。

つまり、「現在の条件」の範囲で
①「デキルこと」からやる
②「デキルところ」までやる
——というのが「小変的な対処法」。

「利害の対立」や「反対・抵抗」を認めたうえで、その中で、可能な方法を考えるのが「小変」である。

「現実的制約」に対応した、いわば「妥協的な対処」ゆえ、それほどドラマチックではない。

ゆえに、そのプロセスや成果などがマスコミで、大々的に華々しく報道されることもない。

せいぜい、「改善の専門誌」などで、紹介される程度に過ぎない。

☆

なお、話を単純化するため、問題のサイズは対処法を「大変←→小変」の「2分割」で説明してきたが——。

実際には、「2分割」には中間が存在する。つまり、「大変←→小変」の中間に「中変」というものがある。

すなわち、「企業における変更」はその「程度・サイズ」によって

大変
対処法

制約条件を
①変える
②突破する
③乗り越える

「ナイ」を「アルにする」

小変
対処法

制約条件を
①躱《かわ》す
②捌《さば》く
③いなす
やり過ごす

「ナイ」を「ナイのまま」

①「大変」
②「中変」
③「小変」

――の「3分割」とするのが「現実的対処」と思われる。

「中変の対処法」は「大変と小変」の「中間的な対処」、あるいは「折衷的な対処法」である。

たとえば、「小変」の対象は「小さな簡単な問題」なので、「個人」でも、「思いつき」でも対処することは可能である。

それに対して、「中変」は「かなり複雑で中程度の問題」への対応なので「個人」や「思いつき」ではムリゆえ、「サークルや集団」で取り組む。

また、「QC七つ道具」や「QCストーリー」などの「手法・技法」に基づいてデータを詳しく取り、それらを比較して最も効率のよい方法を吟味するなどの対処が勧められる。

手間をかけず、カネをかけず、
「知恵」を出すための改善的ノウハウ

「カネが余り困っている会社」や「大富豪の坊ちゃん」なら、ともかく、実際のところ、どの会社も、どの人も、それなりに

①カネがナイ（足りナイ）
②時間がナイ（足りナイ）
③技術がナイ（足りナイ）
④理解が得られナイ
⑤賛同が得られナイ

――という「現実的制約」に直面している。

改善を手っとり早く実施するには、これらの「制約」をうまく躱《かわ》さなければならない。

それには「改善＝小変」は、

①「手間をかけず」
②「カネをかけず」
③「知恵を出す」

――という「改善の意味」の再確認が必要だ。

もちろん、ナニゴトも、現実的にはまったく完全に「手間をかけず、カネをかけず」――というわけにはいかないだろう。

ゆえに、厳密には

①（できるだけ）手間をかけず
②（なるべく）カネをかけず
③（おおいに）知恵を出す

――と言うべきだろう。

「大袈裟」を「小袈裟化」するのが改善

では、できるだけ手間をかけず、カネをかけず、おおいに知恵を出し、「手っとり早く改善を実施する」にはどうすればいいだろうか。

それは「大掛かり・大袈裟な対応」でなく、なるべく「小袈裟・化」することだ。

なぜなら、「ヘタな人」は、手っとり早い改善実施が「大掛かりで、

大袈裟

カネ＆手間がかかる

改善 ＝ 小袈裟化

①手間をかけず

②カネをかけず

③知恵を出す

大袈裟な対策ばかり」を考える傾向があるからだ。

そのような「大袈裟な対策」には、とかく「多くの費用」や「多大な手間」がかかる。

そのような「大掛かりな対策案」を上司や会社に提案しても、たいていは「検討・保留」などといった常套句で「没＝不採用」となる。

どの会社も「カネがかかる提案」に対しては、

「即座に、ＯＫ」

「スグ、やろう」

――というわけにはいかない。

そのため、「改善のヘタな人」は、

「せっかく、良いアイデアを提案したのに、会社は採用してくれない」

――とフテ腐れている。

だが、それは、けっして「良いアイデア」ではない。「手っとり早い実施」を最重視する改善では、「スグ、実施デキる」のが「良いアイデア」である。

「大きな原因→大きな対策」「小さな原因→小さな対策」

それでは「直面している問題」への対策を「小袈裟化する」には、どうすればいいだろうか。

それは問題に対する「原因追及」を鋭くすること。なぜなら、原因追及が甘いと、とかく「大きな原因」に到達してしまう。

すると、「対策」も「大きなもの」となってしまう。なぜなら「対策」とは「原因の裏返し」だから。

つまり、「原因のサイズ」はそのまま「対策のサイズ」に対応している。

だが、「鋭い原因追及」なら「小さな原因」→「小さな対策」となる。

「小さな対策」なら、カネも手間もあまりかからない。それゆえ、スグに「採用→実施許可」となる。

とにかく、「あまりカネのかからないこと」なら、会社も「実施許可」を出し易い。

ところが、上司が「即座の許可」をためらうような「やたらカネのかかる対策案」を提案するのは、あたかも、「どうぞ、不採用としてください」と言っているようなもの。

もし、「不採用・不許可・保留」という「回答の山」を築きたいのなら、いつまでも「カネのかかる大掛かりな対策案」を提出すればいい。

☆

だが、手っとり早く改善を実施し、「自分の仕事の問題」をサッサと解決したいのなら、できるだけ「対策案の小袈裟化」が勧められる。

実際のところ、「改善の達人」は、「鋭い原因追及」によって、「小さな原因」をつきとめ、「小さな対策」を考えだして、手っとり早く改善を実施している。

「チャチなもの」ほど「良い改善」

そのことをわかり易く表現すれば、「チャチなものほど、良い改善」――ということだ。

それは、

①「チャチなもの＝小さな対策」ほど、

②「カネも、カネのかからない」ので、

③「スグ実施できる」

――という意味。

あるいは

①「チャチなもの＝小さな対策」ほど、

②「原因追及が鋭い」ので

③「原因追及・能力」がある証拠

――ということでもある。

たしかに、「大掛かりなアイデア」は格好がいい。しかし、それは「原因追及」が甘いことを意味している。

つまり、「大袈裟案」は自分の「原因追及・能力」の欠如を宣伝しているようなもの。

「自社・自職場」における「手っと

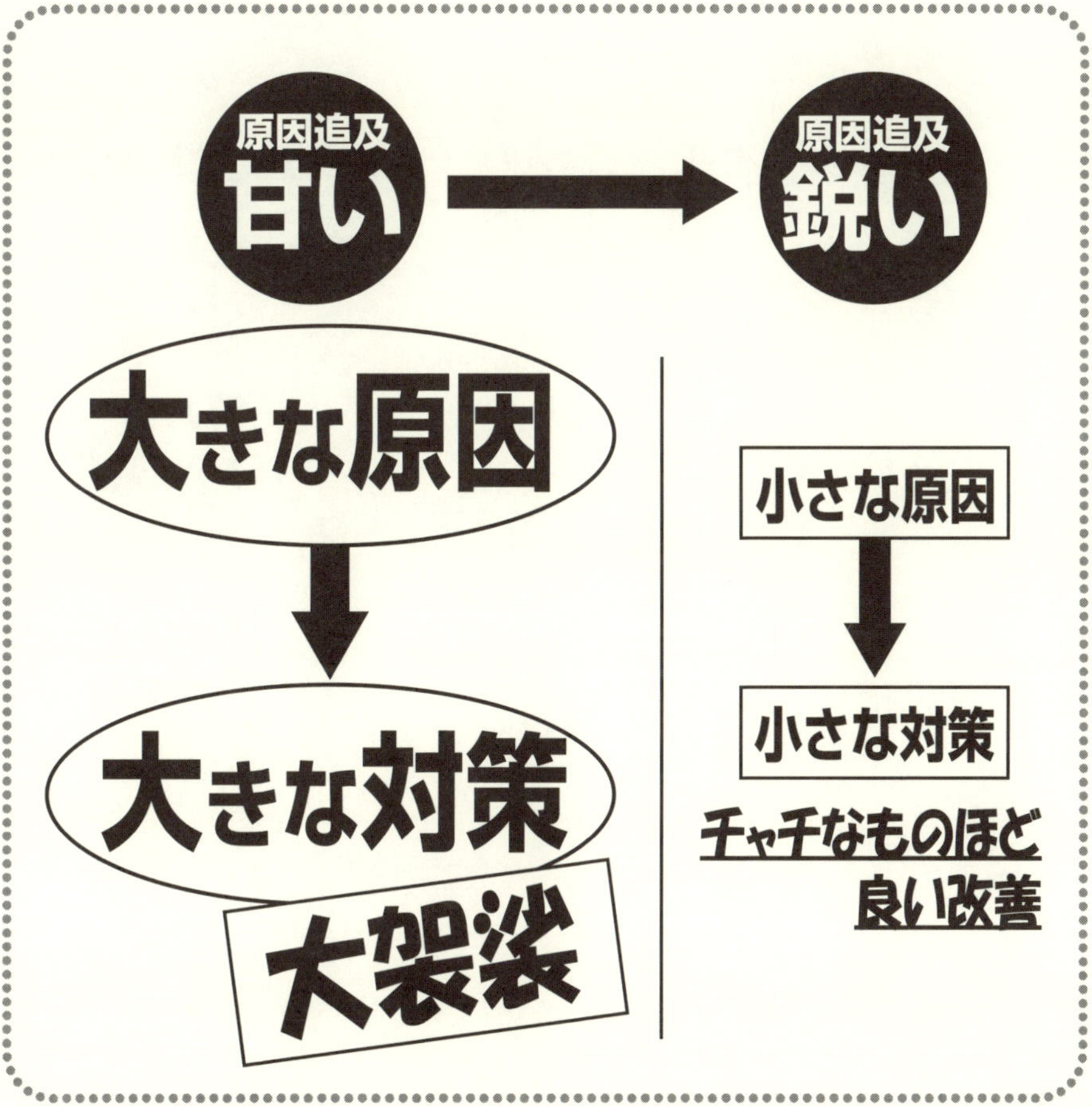

り早い改善実施」を促進するには、「チャチなものほど良い改善」「チャチなものほどスグ実施できる」「チャチな対策ほど原因追及が鋭い」――という「改善＝小変」の「基本的な考え方」の共有化による「共通認識の形成」が必要だ。

☆

もっとも、このような「考え方」は理屈がわかっただけでは、何の意味もない。

「改善の基本的な考え方」を「実感↓理解↓納得」するには、理屈だけでなく、「実際の具体的な事例」による裏付けが不可欠。

よって、次項では「簡単な事例」を基に、「小さな原因↓小さな対策」を解説する。

また、次項以降では、「わかり易い典型的な改善事例」で、「現実的制約」への「改善的対処法」をじっくり解説する。

ラベル・マークの
「ちょっとした鋭い事例」の研究

あるビール工場の話。もちろん、今では完全に自動化されているものの、昔は「ビール瓶」にラベルを貼る機械への「ラベル束」の補給は、人の手でなされていた。

そのため、時々「間違い」が発生していた。とりわけ、真夏の最も忙しい時期に、ラベルの「裏と表」を間違えてしまうことがあった。

すると、どうなるか。「裏返しのラベル」、つまり、「真白なラベル」が貼られたビールができあがる。

慌てて、「機械のスイッチ」を切っても、もう遅い。ラインには、大量の「白ラベルのビール」が走っているというすさまじい光景。

現場の管理者は

「誰だ、こんなことをしたのは」

――と怒り狂っている。

「間違えた人」は小さくなって、

「スミマセン」

「申し訳ない」

「これから気をつけます」

――と言うしかない。

「改善のない職場」ではそのような「セリフ」が、いつまでも、毎年のように繰り返される。

しかし、「改善に強い職場」では

＊「気をつけなくていいように」

＊「注意しなくてもいいように」

＊「改善しよう・工夫しよう」

――という声が出てくる。

「両面・印刷」という「画期的なアイデア」

マズ、最初に出てきたのは「ラベルの両面に印刷する」というアイデアである。

それは、

①「裏と表」があるから、

「裏表の間違い」が発生するのだ。

②「両面に印刷」すれば、もはや「裏も表」もない。

③ゆえに、「間違い」は発生しない。

――というもの。

たしかに、「間違いの原因」にズバリ対応している素晴らしいアイデアである。

しかし、単なる「間違い防止の対策」としては、あまりにも大袈裟すぎる。「すべてのラベル」に両面印刷するコストを考えるなら、むしろ、時々、間違えて、機械を止めるほうが、むしろ、「安上がりだ」――という意見まで、出てきて、残念ながら、このアイデアは不採用となった。

「ラベルの形」を「非対称」にするアイデア

また、「ラベルの形」と「ラベル・ホルダー」の形を「左右・非対称」にするというアイデアも出てきた。

そうすれば、「裏返しのラベル」は

オモテとウラがあるから
間違いが発生する。
片面印刷
KAIZEN BEER
裏面
白
両面印刷
KAIZEN BEER
KAIZEN BEER
両面印刷すれば
問題は解決するが……

「ホルダー」に入らない。そのおかげで、「裏表の間違い」は、完全に防止できる。

これもまた、

①「左右対称」だと、裏返しても、「左右対称」のままなので、「間違いを検知」できない。

②「ラベル」と「ホルダー」を「非対称」にすれば、「裏返し」だと、「ホルダー」に入れられないので、「スグ、間違いに気づく」。

——という「原因」に対応した素晴らしいアイデアである。

まさに、「間違えられナイ化」＝「ポカヨケ・フールプルーフ」の原則にかなった秀逸な対策案でもある。

だが、このアイデアも、

①「ラベルのデザイン」は、そんなに簡単には変えられない。

②まして、単なる「間違い防止・だけ」のために、「商品の顔」であるラベルを変えるわけにはいかない

——などの意見によって、やはり、

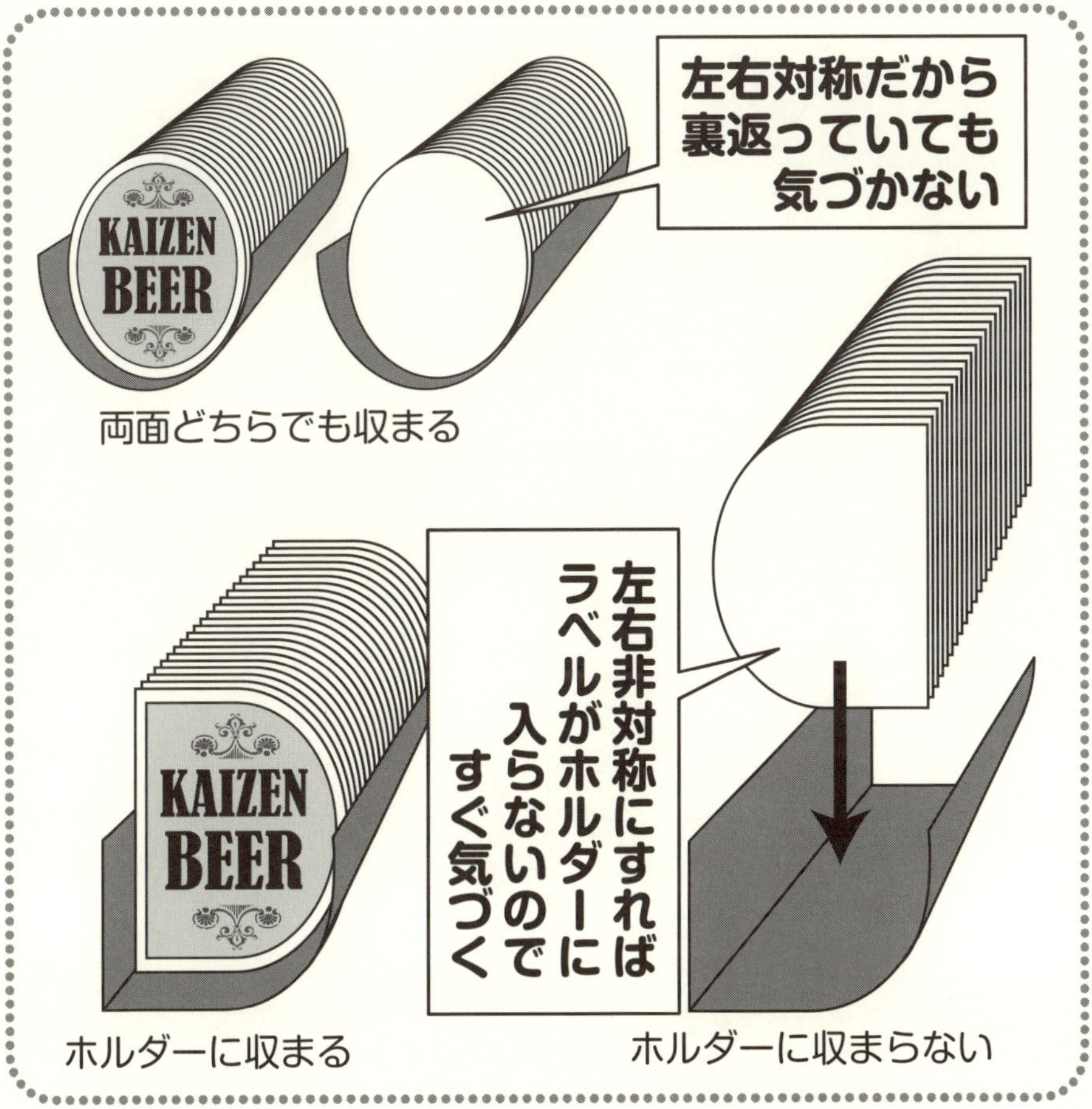

「不・採用」となった。

☆

たとえ、「画期的なアイデア」でも、「コストや手間」など「現実的制約」でなかなか実施に結びつかない。

現実とは、そのようなものである。手っとり早い改善実施には、その現実に対処しなければならない。

「思いつき」がダメになってから「本当の改善」が始まる

「あるアイデア」が不採用になると、「改善のヘタな職場」は、そこで行き詰まってしまう。

そして、社員は

「素晴らしいアイデアを出したのに、会社は採用してくれナイ」

——と言ってフテ腐れている。

ところが「改善に強い会社」では、そのような「思いつきのアイデア」がダメになってから、「本当の改善」が始まる。

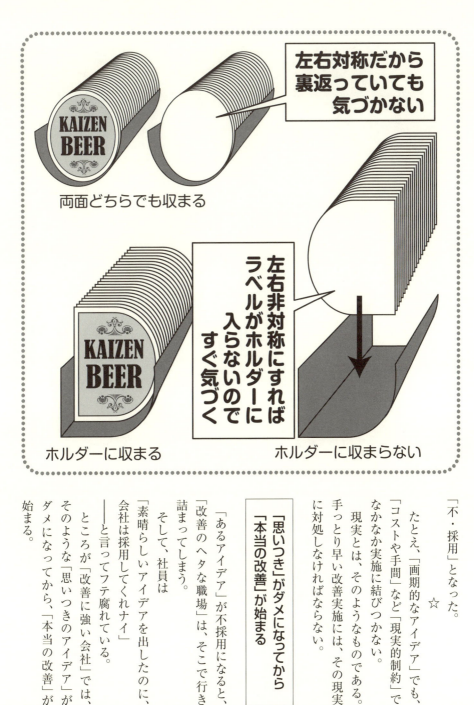

そして、

*「ナゼ、間違うのか」

*「ナゼ、間違いに気づかないのか」

*「ナゼ、間違いを防止できないのか」

――という「真の原因」への追究が始まる。

　そこで、マズ、お互いの「仕事のやり方」を観察することにした。

　すると、ホルダーにラベルを入れるために、両手で「ラベルの束」を持った時、「首」を傾け、「裏・表」が正しいか、どうかをチェックしていることがわかった。

　そのような「仕事のやり方」だから、慌てていると、側面を見たと錯覚することもある。

　また忙しい時には、「手の感触」で、「大丈夫だろう」と思い込んで確認を怠ることもある。

　そのため、「裏表の確認モレ」にて「裏表の間違い」に、つながっていた。

つまり「そのような仕事のやり方」が「間違いの原因」だったのだ。

「真の原因」が「やり方」なら「対策」は「やり方」の変更

「間違いの原因」が「やり方」にあるのなら、その対策は「やり方」を変えること。

　すなわち、ワザワザ、「首」を傾けなくても、ラベルの「裏・表」を確認できる方法に変えればいい。

　そこで出てきたのが「ラベルの束の側面に線を引く」という極めて「簡単なアイデア」であった。

　両手で持った時、「目の前」に線があれば、「正しい持ち方」だ。もし、「その線」が見えなければ、ラベルは「裏返し」となっている。

　「目の前」の「一本の線」ならば、いくら忙しくても、いくら慌てていても、見逃すことはない。

　かくして、このビール工場における「ホワイト・ラベル事件」は「たった一本の線」によって、完全に解決されたとのこと。

☆

　もっとも、毎回、毎回、「ラベルの束」の側面に「線を引く」のは面倒。

　そこで、この「成功事例」に基づき「ラベルの側面に、線が出るように。ラベルの端に、何か印刷してくれ」

――という要望を提出した。

　すると、即座に採用となった。「ラベルの端」に「ちょっとしたマーク」を印刷する程度なら、デザイン的にも大変なことではないからだ。

　また、「簡単なマーク印刷」によるコスト・アップもたかが知れている。

　「ラベルの両面・印刷」や「ラベル形状変更」など「大掛かりなこと」は、なかなか採用されない。

　しかし、「ちょっとしたマーク」を印刷する程度に「小袈裟化されたアイデア」なら、即座に採用され、スグ、実施される。

　もっとも、このアイデアも最初から、いきなり「マークを印刷してくれ」

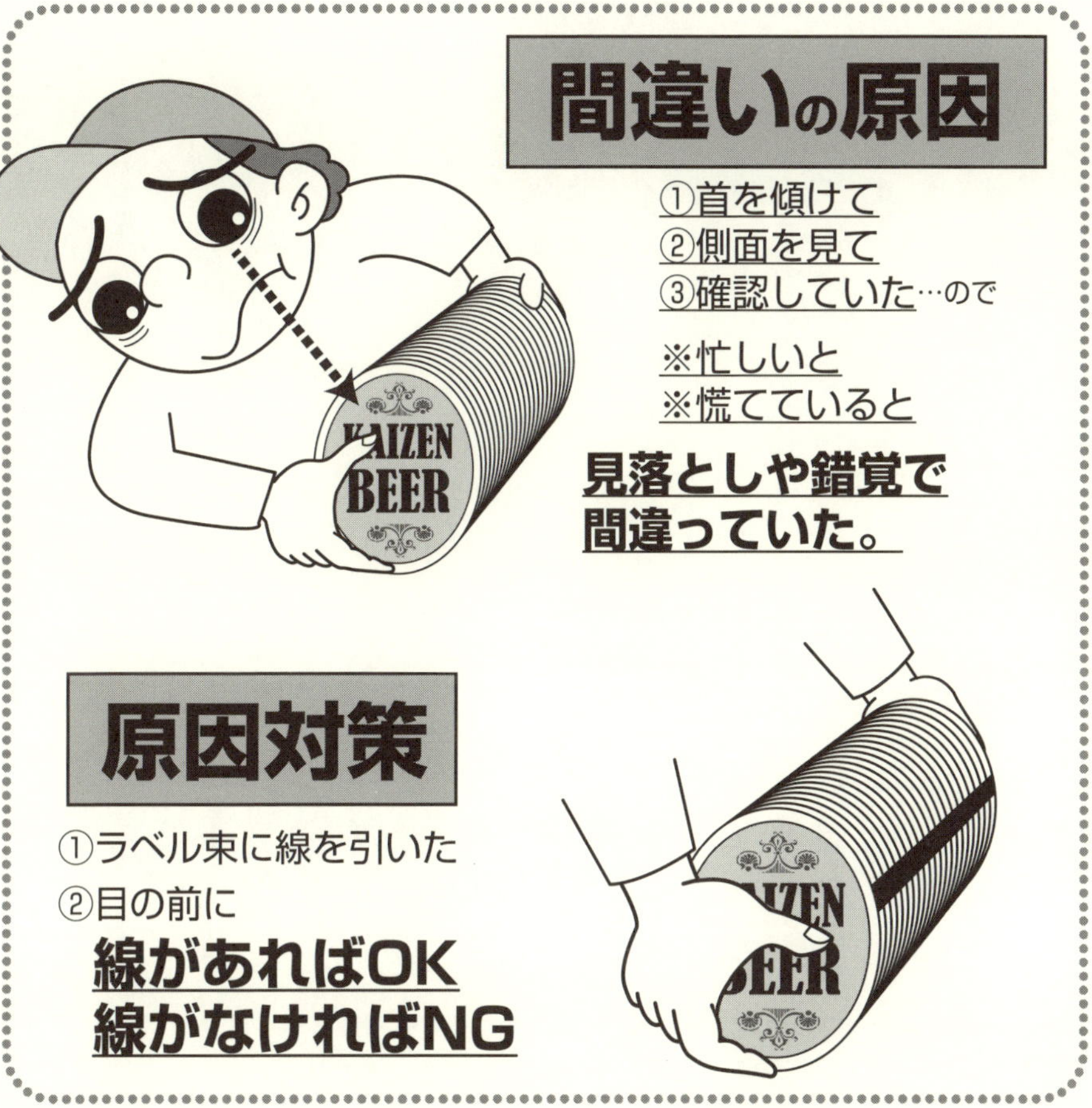
間違いの原因
①首を傾けて
②側面を見て
③確認していた…ので
※忙しいと
※慌てていると
見落としや錯覚で
間違っていた。
KAIZEN
BEER
原因対策
①ラベル束に線を引いた
②目の前に
線があればOK
線がなければNG
BEER

という提案だったらどうだろう。おそらく、「検討します」にて、保留となっていたかもしれない。

しかし、この場合は「現場の小さな実験」によって、すでに、その効果は充分に確認済みである。

とりあえず試しにやってみるという「現場の小さな実験」の成果実証が、即座の「採用→実施」に結びついたのだ。

「状況」と「原因」を混同するなかれ

我々は、「ラベルの改善事例」から「手っとり早い改善実施ノウハウ」を学ぶことができる。それは「間違いや失敗の原因」を「何に求めるか」ということだ。

たとえば、この「ラベルの裏・表」に関して、「ナゼ、間違えたのか」と問われると、たいていは

＊「慌てていたから」

＊「急いでいたから」

＊「錯覚したから」
＊「つい、ウッカリ」

――などの回答となる。

すると、その「対策」は限定される。なぜなら、「対策」とは「原因の裏返し」なので、それらへの対策は

＊「あわてるな」
＊「急ぐな」
＊「錯覚するな」
＊「ウッカリするな」

――ということになる。

これでは何の「問題解決」にもならない。だが、「改善のない職場」では、このような対応が、いつまでも繰り返されている。

☆

ところが、「改善のうまい職場」は、

◎「仕事のやり方」に「問題がある」
◎「仕事のやり方」に「原因がある」

――と考える。

そして、「仕事のやり方」が「間違いの原因」なら、その対策は「間違えるような仕事のやり方」を変えるべきという方向へ思考が進む。

すると、「首を傾け確認している」という「仕事のやり方」が原因であることがわかる。

そのような「仕事のやり方」だから、

＊「慌てる」と「間違える」
＊「忙しい」と「見落とす」

――ということがわかる。

つまり、

＊「忙しいから」
＊「急いでいたから」

――というのは単なる「状況」に過ぎなかったのだ。

それらは「真の原因」ではなかったのだ。その証拠に「ラベル側面」に「一本の線」を引き、それによって、「裏・表」を判断できるようにしたら、「間違い」は完全になくなった。

「首を傾ける」のでなく、目の前の「線による確認方法」なら、どんなに忙しくても、慌てていても、見落とすことはない。

我々はともすると「仕事の条件」を「失敗の原因」と考えがちである。たとえば、

＊「忙しい」
＊「疲れていた」
＊「人手が足りない」

――などのように。

だが、それでは改善の余地はない。「仕事の条件」は、そう簡単には変えられないので、いつまでも

＊「忙しいから、間違えた」
＊「急がされたから、間違えた」
＊「疲れていたから、間違えた」

――という「言い訳」が繰り返される。

改善は「仕事の条件」はそのままで、とりあえず、「仕事のやり方」を少し変えて、問題に対処するもの。

すなわち、

「忙しく・ても、間違えナイ」
「慌ててい・ても、間違えナイ」

――ように「仕事のやり方」を工夫するのが改善である。

対策＝原因の裏返し

表面的な原因 → 表面的な対策

急いでいた・から→**急ぐな**

慌てていた・から→**慌てるな**

真の原因 → 真の対策

急ぐと間違える　仕事のやり方

→急いでも、間違えナイ方法

慌てると間違える　仕事のやり方

→慌てても、間違えナイ方法

第 4 章

手っとり早い改善実施ノウハウ④

「利害・対立」に対する「改善的・対処ノウハウ」

「手っとり早い改善・実施」において、
「厄介な制約」は「利害の対立」である。

「改善を実施・実現する」ための
「意見・利害対立」への改善的対処法

仕事には「さまざまな制約」がある。そのため「仕事の改善」を「実施→実現させる」には、それらの制約を
＊「乗り越える」
＊「打ち破る」
＊「打開する」
＊「いなす」
＊「躱《かわ》す」
＊「捌《さば》く」
――などの対処が必要だ。

☆

つまり、「改善実施ノウハウ」とは要するに、「制約・対応ノウハウ」に他ならない。

もちろん、「大変なこと」を実施→実現させるには、「大変な制約」への対応が必要だ。

しかし、「自分の仕事のやり方」を「小さく変える」という「小変＝改善」は「小さな制約」への対応でも充分だろう。

もっとも、「改善をした後」なら、それらは、たしかに、たいした制約ではなかったことがわかる。

だが、「改善・前」には、とうてい「突破不可能な壁」のように感じられることもある。

そのため、多くの人々が、せっかく「改善案」や「アイデア」を考えても、それらの「着手→実施→実現」には尻込みしている。

「改善・推進」は「改善のやり易化」から

日常業務での「ちょっとした改善＝小変」における「最大の制約」は何か。

それは、相互の「意見や利害の対立」だろう。

これが最も「厄介な制約」であり、「改善実施の障害」である。ヘタをすると、人間関係も悪くなり、居心地の悪い職場となってしまう。

「意見・利害の対立」が感情的な対立にまでコジれてしまうと、なかなか解消できない。いつまでも気マズさが続き、精神的にも消耗してしまう。

それゆえか、一度でも、そのようなことを経験すると、たいていの人は、

＊「このままで、いいだろう」
＊「今まで通りで、構わないか」
＊「ワザワザ、改善することもない」

——などと、自分に言い聞かせて、「ささやかな現状打破」に対しても、消極的になってしまう。

☆

このような職場の事情・状況を考慮することなく、

＊「改善に取り組もう」
＊「現状を打破しよう」
＊「前例から脱却しよう」
＊「もっと改善を、さらに改善を」

――などと、声高に訴えても、あまり効果はない。

「改善がやりニクイ状況」のままでいくら、改善を呼び掛けても、効果はない。

改善を、実際に「進展させる」には、マズ、何よりも、それぞれの職場での「改善のやり易化」が不可欠だ。

それでは「意見・利害の対立」を解消し、「改善やり易化」を、実現させるにはどうすればいいか。とりあえず、どのような「意見・利害の対立」があるか考えてみよう。

「各人・各様」の「意見・見解」がある

たとえば、「仕事の効率化」には、「定置化」＝「置く場所を定める」が不可欠だ。だが、「その場所」に関しても意見の衝突がある。

ある人は
「ここに定めるべき」

――と主張するが、別の人は
「あちらにすべき」

――と反論するだろう。

各人が、自分にとって都合のいいようにしたいのは、当然のことだ。どうしても「利害・意見の対立」は避けられない。

あるいは「仕事の手順」を統一化・標準化して「マニュアル化」しようとしても、

「自分は、この順序がやり易い」

「この手順のほうが、効率的だ」

――という対立が発生する。

☆

必ずしも、「自分の都合・だけ」の利己的な理由ではなく、お互いや会社や職場にとってのメリットという観点からでも、対立はある。

「この方法なら、お互いに得だ」

――という意見に対して、

「イヤ、私は、そうは思わない」

――という反論もある。

各人それぞれに、異なった

＊「見解」
＊「意見」
＊「経験」
＊「知識」
＊「立場」
＊「利害」
＊「事情」
＊「都合」
＊「意地」
＊「執着」
＊「感性」
＊「好み」
＊「価値観」
＊「センス」
＊「こだわり」
――などがあるので、たとえば
◎「置く場所」を変える
◎「配置」を変える
◎「手順」を変える
◎「手続」を変える
◎「表示」を変える
◎「治具」を変える
◎「道具」を変える

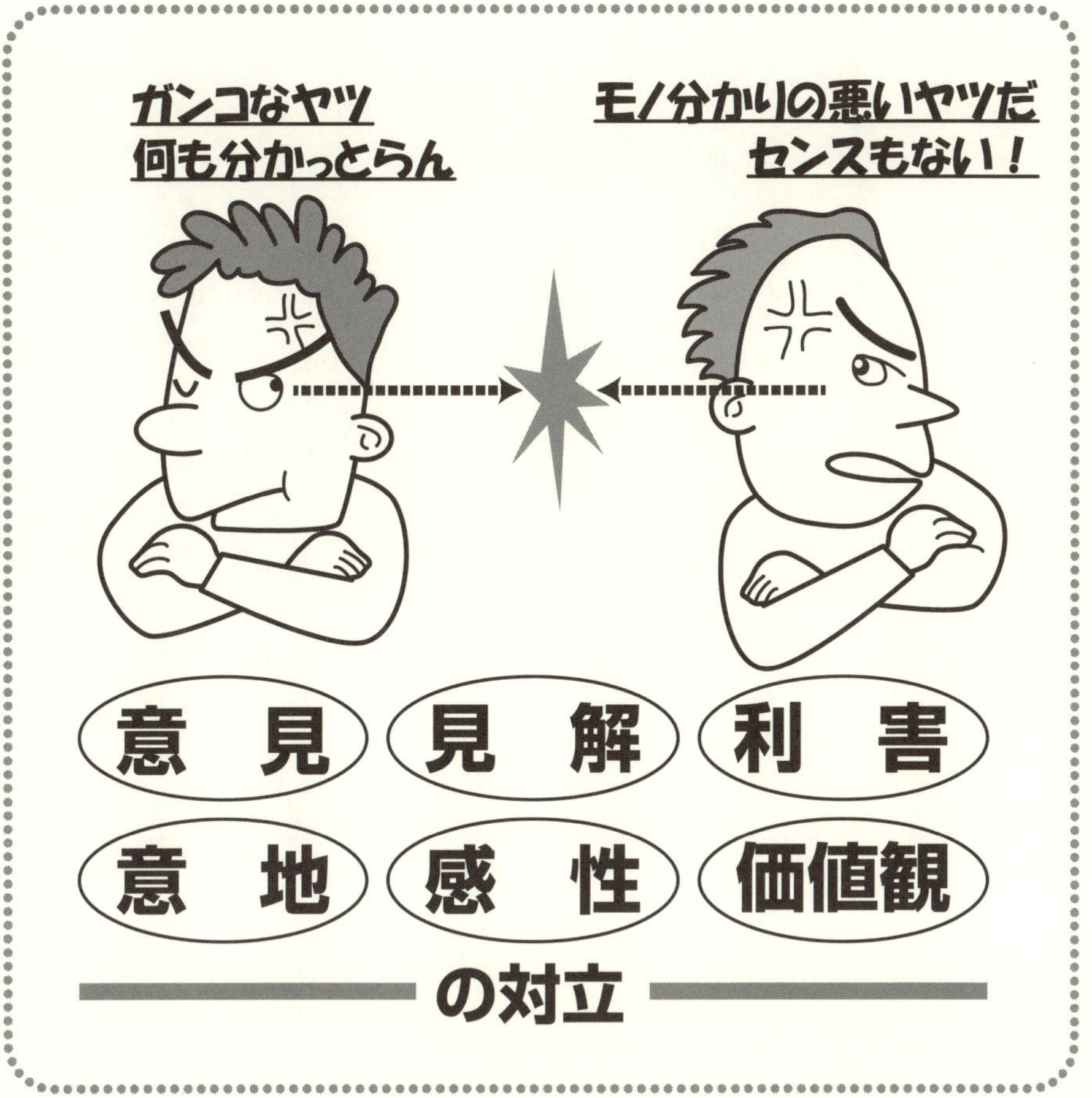

——などの「ちょっした変更」ですら、対立は避けられない。

　ましてや、「やめる・減らす」など「従来のやり方」の否定となるような根本的な変更などだと、なおさら強い対立が生まれる。

　たとえば、

「やめても、いいではないか」

——という意見に対して、

「それで問題が発生したら、どうするのか。誰が責任を取るのか」

——という反論が出てくる。

　意見が対立すると、お互いに相手を

「モノわかりの悪い奴だ」

「どうしょうもない奴だ」

——と思い込んでしまうので、なおさら、始末が悪い。

☆

　次項では「意見・利害の対立」を「躱《かわ》す・捌《さば》く・解消する」ための改善ノウハウを「わかり易い簡単な事例」を基に研究してみよう。

「背の低い人」と「背の高い人」の

「作業台の高さ」の利害対立の対処法

どうすれば、「意見・利害の対立」に対処できるだろうか。どうしたら、厄介な対立を解消、あるいは回避し、改善を実施できるか。

「制約対応」というすこぶる重要な「改善的・思考&発想法」をもっとも簡単な事例で考えてみよう。

「アチラ」を立てれば、「コチラ」が立たず

「ある作業台」で「背の低い人」と「背の高い人」が働いている。すると、必ず、「利害の対立」が発生する。

なぜなら、「背の低い人」は、「これでは仕事がやりニクい」「作業台を、もっと低くしよう」

――と言うからだ。

それに対して、「背の高い人」は「冗談じゃない」「もっと、高くすべきだ」

――と主張する。

☆

「同じような対立」はどの職場でも見られることだろう。誰かが「仕事のやり方」を、少しでも変えようとすると、「別の人」から「やめてくれ」「こちらは迷惑だ」「シワ寄せがくる」

――など「反対の声」が出てくる。

「世の中」とはそんなもの。まさに、「アチラを立てれば、コチラが立たず」

――と言われている通りだ。

このようにお互いの「利害対立」で「改善がデキない」――という状況はどの会社でも、どの職場でも、至るところに見られる。

マズ、とりあえず、「ひとつの問題」から解決

では、この場合も「背の高い人」と「背の低い人」との利害が完全に対立しているので、もはや、

「改善デキない」

「改善の余地はない」――のだろうか。

けっして、そんなことはない。この程度の問題なら、どの職場でも簡単に解決している。

たとえば、作業台が「高過ぎる」という問題への対策としては、作業台を低くする――だけではなく、逆に、「踏台を使って、床面を高くする」――という方法もある。

☆

「背の低い人」が「踏台」を使って、自分のところの床面を高くして、「作業台が高過ぎる」――という問題を解決しても、「背の高い人」には、何の不都合もない。

よって、何の文句も出てこない。

これで、「背の低い人」の「作業台が高過ぎて、仕事がやりニクい」という問題は解決された。
　後は、「背の高い人」の「作業台が低過ぎて、仕事がやりニクい」という問題が残っているだけである。

「別の問題」は「別の方法」で解決

「踏台」という「補助具」の活用で、「背の低い人」の「作業台が高過ぎて、やりニクい」——という問題は解決できた。

　しかし、まだ、「背の高い人」の「作業台が、低過ぎて、仕事がやりニクい」という問題は残っている。

　それなら、「別の角度」から、また別の改善をすればいい。

　「背の低い人の問題」にとっての問題・解決法は踏台による「床面の嵩上げ」であった。

　それなら、「背の高い人の問題」の

解決法はその「逆」。つまり、床面を掘り下げて、低くすればいい。

「背の高い人」の床面をいくら掘り下げても、「背の低い人」には、何の影響も損害もない。よって、何の文句も出ない。

これで「相互の利害・対立」という問題はクリアできる。メデタシ、メデタシである。

しかし、実際には、この方法はそう簡単にできることではない。工事を伴うので大変なことになる。

しかも、いったん、「床面」を掘り下げてしまうと、そこには「背の高い人」しか、配置できなくなる。操業の自由度が損なわれる。

☆

「気楽で手軽な改善」を手っとり早く実施するには、もっと、もっと簡単な方法を採用すべきだろう。

そこで、この場合、「床面の高さ」ではなく、「作業台の高さ」のほうに着目してはどうだろうか。

「別の問題」は、また「別の方法」で解決する

つまり、「作業台」に「補助台」を置くという発想。その程度のことなら、簡単にできる。

「背の高い人」が「補助台」によって、自分のところの作業台の高さをいくら変えても「背の低い人」には何の不都合もない。よって、何の文句も出ない。

これにて、「背の高い人」の「作業台が低過ぎて、仕事がやりニクい」という問題も円満に解決できた。

☆

すなわち、

①「背の低い人」には「踏み台」を

②「背の高い人」には「補助台」を

――という「2つの対策」を組み合わせれば、それぞれの問題は「何の対立」も「何の衝突」もなく、円満に、とどこおりなく解決される。

これが「相互の利害対立」という「現実的な制約」に対応するための改善的な問題解決法である。

つまり、「直面する問題」を一挙に、

「2つの対策」の「組み合わせ」で
お互いの「仕事のやり易化」

全部、解決するのでなく、とりあえず「それぞれの問題」に分割してから、「個別に解決する」――というのが「改善的・分割対処法」である。

そして、それら「個別の解決策」を「組み合わせる」と「相互の利害対立」という最も厄介な問題をうまく躱《かわ》せる。

それにて、それぞれの問題を解決、お互いに、「仕事のやり易化」という改善の成果を享受できる。

「制約」があるから改善デキない
「制約」があるから改善デキる

「ひとつの作業台」で「背の低い人」と「高い人」が、いっしょに仕事をしている場合、「作業台の高さ」で対立が発生する。

その問題を解決するには「作業台の高さ」を変えるのではなく、

①「背の低い人」には「踏み台」を

②「背の高い人」には「補助台」を

――という「分割した問題」への「分

割・対処」が勧められる。

ところが、このような簡単な改善事例を紹介すると、必ずと言っていいほど、

「そんなメンドウなことをしなくても、各人の背丈にあった高さの異なる作業台を、それぞれに用意すれば、済むことではないか」

——といった意見が出てくる。

もちろん、それが「実施可能」なら、それがもっとも「手っとり早く簡単な解決法」である。ワザワザ補助具など使うこともない。

各人の「専用・作業台」を設置できるのなら、そのための購入資金や充分なスペースがあるなら、スグ実施すればいい。

つまり、「カネや時間・空間」など必要なものが充分にあるなら、何でもデキる。その場合はチマチマした改善など不要だ。

だが、実際は、現実はどうだろう。どの職場も「費用・スペース」など制約がある。

やむをえず、「ひとつの作業台」で「体格の異なる人間」が、いっしょに「仕事をしなければならない」

——というのが、多くの職場の現実だ。

そのような「現実的制約」に対し、「ちょっとしたアイデアや工夫」で、「手っとり早く対処する」のが改善である。

ところが、「改善のデキない人」は

「カネがないから、デキない」
「時間がないから、デキない」
「スペースがないから、デキない」

——などと言って、「制約条件」を「改善がデキない理由」にしてしまう。

それらの「制約条件」は「デキない理由」ではなく、改善すべき理由に他ならない。

つまり、

「カネがないから、デキない」
「時間がないから、デキない」
「スペースがないから、デキない」

——と言うのではなく、むしろ、

「カネがないから、改善する」
「時間がないから、改善する」
「スペースがないから、改善する」

——と言うべきだ。

実際に、カネがない職場ほど、多くの改善がなされている。

また、「時間がない人」、すなわち、忙しい人ほど、より多くの改善を手っとり早く実施している。

☆

では、そのような「制約条件」を「改善がデキない理由」でなく「改善がデキる条件」にするには、どうすればいいか。

それは

①変えられナイないものは変えナイ
②変えられるものを変える

——という、きわめて簡単な「改善の原則」だけでいい。

つまり、問題に直面した時、マズ、

＊「何が、変えられるか」
＊「何が、変えられナイか」

——と「変えられるもの」と「変えら

れナイもの」を仕分けしてみることだ。

たとえば、この「作業台」の問題に関しては、「作業台の全体の高さ」は相互の利害が対立しているので、変えられナイ。

ならば、それは棚上げしてそのままにしておけばいい。そして、代わりに「変えられるもの」を探す。

すると、

①「床面の高さ」はどうか
②「部分的な変更」はどうか

——という発想が出てくる。

そして、この問題の本質はけっして「作業台の高さ・そのもの」ではなく、床と作業台の「相互関係」に過ぎないことがわかる。

この場合の「作業のやりニクさ」は「作業台の高さ・だけ」ではなく、

①「作業者の背丈」
②「床の高さ」
③「作業台の高さ」の「相互関係」によるもの。ならば、それらの「組み合わせ」によっても問題を解決できる。

「改善的・第3の方法」で
「改善的・思考&発想」への転換

「お互いの利害」が対立している時、「改善的対応のない職場」においては、次のような対処がなされている。

①「闘争・対決」⟷「服従・我慢」
②「譲歩・妥協」⟷「折衷・折半」

☆

腕力や暴力などの力にて、「先輩と後輩」や「上司と部下」など、職場における序列などによって、「強者」がより多くの利益を得るという構図。

「弱者」は泣き寝入りや服従を強いられる。ブツブツ言いながらも、ガマンするしかない。

それは職場だけのことではない。たとえば、「強大国」と「弱小国」の関係においても。また、「親会社」と「子会社」、または「下請会社」なども同様だろう。

あるいは、マンガ「ドラえもん」の「ジャイアン」と「のび太」の関係に至るまで、原始的で、もっとも普遍的な「問題対処法」である。

もっとも、「勝者」が全利益を得る「オール・オア・ナッシング方式」では「敗者の怨み・憎しみ」は最大化する。すると、社会は非常に不安定となり、勝者と言えども、いつも緊張を強いられる。

そこで、ある程度の「譲歩・妥協」などが加味されてくる。

たとえば、「背の高い人」としては、作業台を「10㎝」高くしたいのだが、それでは「背の低い人」が、可哀相なので、「2㎝」譲って、「8㎝」に、とどめおく——ような対処もなされる。

すると、「背の低い人」も、
「もう少し譲ってもらえませんか」
「せめて、3㎝低くしてください」
「あと一声、4㎝でどうでしょうか」

――と交渉をするだろう。

譲歩の程度が「２㎝」か「４㎝」か、あるいは、お互いに「５㎝・ずつ」の折衷案となるか――その割合は相互の力関係や交渉・折衝力、また譲り合いの精神の度合いに依存している。

「対決・闘争」も「譲歩・妥協」も改善ではない

「原始社会」では「腕力や戦力」など「ハード的な力」がモノをいった。

だが、やがて「文明社会」になると、「交渉力や経済力」――などといったソフト的な力が重要になってきた。

ハードであれ、ソフトであれ、いずれにしても、お互いの力関係にて、相互の「利益と損害」の割合が決まっていた。

さらに文明が発展して、物心ともに豊かになり、礼節を尊ぶ社会では、「力づくの闘争・対決」などよりも、「譲り合い・思いやり」などといった

精神レベルの高い対処法なども、採用される。

これらの「対立への対処法」は人類社会の発展にともなって、変化してきたものである。

だが、これらは「改善的な対処法」ではない。なぜならば、「自分の得」は「相手の損」、または「自分の損」は「相手の得」——という「ゼロサム・ゲーム」に他ならないからだ。

自分にとっての「好都合・快適」はその分だけ相手に「不都合・不快」をもたらすからだ。

「相手のメリット」の程度に応じて、「自分のデメリット」を受け入れ、ガマンしなければならない。

これらの「対立・対処法」は、ただ単に、相互の利害の割合や分配方法の変化・変更に過ぎない。

けっして、「相互の利益」が増える、あるいは「お互いに得をする」という「改善的な対処法」ではない。

かって労使紛争が激しかったころ、「労働組合」と「使用者＝経営者」は、お互いに労働成果の「分配・だけ」に注目していた。

月給に「百円」の上乗せをするか、しないかで、徹夜の交渉やストライキをやっていた。

「百円賃上」による労働側の利益は経営や株主の損となるので、お互いになかなか譲れない。

特に、斜陽産業など「増収の余地のない会社」では、分配の取り合い＝分配闘争しかなかった。

一方、時流に乗って、おおいに儲けている会社は不毛な分配闘争などやっているヒマはない。

「少ないカネ」の分配で争うよりも、「分配するカネ」を増やすほうが、お互いに「より多くのもの」を得ることができるからだ。

「非・改善的な対処法」、つまり、
①「闘争・対決」⟷「服従・我慢」
②「譲歩・妥協」⟷「折衷・折半」
——などは、お互いの「損・得」の割合の変更に過ぎない。

けっして、相互の得＝満足の総計が増えるものではない。「一方の得」は「他方の損」なので、「得＝満足」の総計は同じである。

「改善」は「満足・総量」の増加

それに対して、「踏み台」や「補助台」などを活用しての「改善的・対処法」はどうだろうか。

各人が「自分の作業」のやり易い高さに調整できる。よって、それぞれの「自分の得＝満足」は、双方とも増加している。

しかも、それによって、どちらかが「不便・不快・不都合」をガマンしなければならない——ということもない。すなわち、お互いの「損＝不満足」は「ゼロ」である。

よって双方の「得＝満足」と「損＝不満足」の総・合計は、プラスとなっ

ている。これが「お互いに得」な「改善的な対処法」である。

☆

もっとも、「すべての問題」が、このように、都合良く、解決できるわけではない。

どうしても、「良いアイデア」が出てこない。うまい解決策を考え出せない――というのが現実だろう。

もちろん、その場合は、やむをえず、「①闘争・対決」か「②譲歩・妥協」の「どちら・か」で対処しなければならない。

しかし、「問題への対処法」は、

①「闘争・対決」

②「譲歩・妥協」

――の「2種類だけ」でなく「第3の方法＝改善的な対処法」を知っているのは、けっして、ムダではない。

「第3の方法」を全く知らない人は、利害対立という問題に直面した時、「①か②のどちらか」しか思い浮かばない。

そして、ひたすら
「どこまで粘るか」
「どこまで譲るか」
——などといった相互の「損・得」の割合を巡る「分配闘争」に没頭してしまう。

そして、最後には
「ここらへんで、手を打ちましょうか」
「折半ということでどうでしょうか」
——などいった譲歩・妥協に至る。

当人は、一生懸命に交渉したと満足しているが、お互いの「得=満足」の総計が増えたわけではない。

ところが、「改善的対処法」という「第3の方法」を知っている人なら、問題に直面した時、イキナリ「①②の対処法」に没頭することはない。

マズ、何よりも先に、相互の「得の合計」を増やせる改善的な方法は、ないか——と考える。

そして、「より良い方法」があれば、もはや、分配闘争など不毛なことにエネルギーを費やす必要はない。

もちろん、都合の良い「改善的な方法」がなければ、闘争・交渉をしなければならない。

だが、それでも、ただ単に「闘争・交渉・だけ」に没頭するのではなく、常に「より良い方法=改善的方法」を模索している。

☆

単なる「値引き交渉」は、
①「一方の得」は「他方の損」
②「一方の損」は「他方の得」
——に他ならない。

「進歩のないアホな営業」は、その綱引きに没頭して、「第3の改善的な方法」を考えようともしない。

しかし、「知恵と情報」を活用する「改善営業」を展開する賢明な営業なら、「価格交渉」よりも、「より良い商品」や「より良い企画」を提案するだろう。

顧客のニーズに合致した「より良い商品」なら、ムダもなくなるので、お互いに「得=満足」の増大となる。

☆

このような「観点」から、いわゆる「営業スタイル」も、次の「3種類」に分類される。

①「単なる御用聞き」(受け身的)
②「やり手営業」(売り込み+交渉)
③「改善的営業」(良い商品&企画)

②と③は似ているが「最大の違い」は顧客のニーズや立場を考慮しているか、どうかである。

②は「顧客ニーズ」とは関係なく、とにかく、「売れと言われた商品」を「より高く売る」ことだけに、全力を投入している。

短期的には、「やり手の営業」として認められる。だが、顧客メリットを考慮しないので、長続きはしない。

もちろん、「焼き畑農業」のように、劣化した農地を捨て、次の市場を求め続ける商売にはこのスタイルが有効だ。

最終的に、「顧客」から信頼され、頼りにされるのは「③改善的営業」だろ

う。適時の「より良い商品企画」で、顧客の問題を解決してくれるので、長期的に歓迎される。

「アレか、コレか」は「思考・停止」につながる

相互の「損・得」の合計が不変な「ゼロサム・ゲーム」を別の言葉では「トレード・オフ」とも言う。

「アチラを立てれば、コチラが立たない」——ということ。何かを得るには、何かを諦めたり、犠牲にしなければならない。

つまり、「アレも、コレも」でなく、「アレか、コレか」、どちらか選ばなければならない——という思考・発想である。

たとえば、一般的に「仕事の速さ」と「正確さ」は相反するものだ——と言われている。

そのため、

「間違えないように、慎重にやれ」

「急ぐと間違うから、ゆっくりと」

——などと言われていた。

もし、「仕事のやり方」が同じなら、たしかに「速さ・正確さ」はトレードオフの関係かもしれない。

だが、たとえば、「パソコンの機能活用」にて、仕事のやり方をちょっと変えたら、どうだろうか。

「マクロ機能」などで自動化すれば、「速く・正確に」が両立される。

ところが、「第3の方法＝改善的・対処法」を知らない人は、とりわけ、「社内評論家」や「役人気質」の人は何かにつけて、「トレード・オフ」という言葉を使って、得意になっている。

たとえば、

「時間がかかっても、いいのなら」

「遅くなっても、いいのなら」

「カネがかかっても、いいのなら」

「予算オーバーでも、いいのなら」

——といった調子である。

そこには「より良いやり方」を
「工夫しよう」

「考え出そう」

「採用しよう」

——といった改善的発想が欠如している。

「旧来のやり方」なら「仕事の質」と「時間・費用」は「トレード・オフ」の関係にある。

「より良い仕事」を求めるのなら、締切や予算などの譲歩がなければ「デキない」と言う。「アレか、コレか」という発想しかできないのだ。

だが、「第3の改善的・対処法」を知っていると「デキない」と言う前に、「第3のより良い方法」がないだろうか
——と考える。

すると、

「速く、正確に」

「安く、良いもの」

「ラクに、良い仕事」

——と相反するものを両立させる「より良い方法」が見つかる。

その繰り返しによってやり方を工夫すれば「アレもコレも可能になることもある」という改善的・思考&発想が身につく。

「評論家・用語」が「思考・停止」をもたらす

「アタマの引き出し」に、数多くの「改善事例」、つまり、「アレもコレもの実現事例」を持っている人ならば、問題に直面した時、「デキない」と言う前に、マズ、とりあえず、「第3の改善的・対処法」を考える。

これが「大量の改善事例の蓄積」が「改善的・思考&発想」の育成と、改善能力の開発に、直結している理由である。

ところが、「トレード・オフだから、デキない・仕方ない」などと言う人は思考・停止に陥っている。

「仕事のやり方」に関して、完全に「今までのやり方」に固定されており、「より良い方法」や「別の方法」を考えようという発想もない。

そのような人々のアタマの中には、「より良い方法＝改善事例」ではなく、「デキない理由」をうまく説明するための「評論家・用語」が、たっぷり蓄積されている。

よって、「問題」に直面した瞬間、

「デキない」

「不可能だ」

「ムリだ」

――と言う。

そして、後は、ひたすら「デキない理由」の説明に全力を投入する。

☆

その人の「アタマ」に何が蓄積されているか。難解で、高尚な、いわゆる「評論家用語」か、それとも、多数の「第3の方法＝改善事例」か。

それが、「社内・評論家」になるのか、それとも、「改善的な思考&発想」を身につけた「改善の達人」になるかの分岐点である。

第5章

手っとり早い改善実施ノウハウ⑤

「連続＆先手改善」で「仕事のラクちん化」

①小さな変更に必要な小さな勇気をもたらす連続改善

改善は、
☆「とりあえず、やって・みる」
☆「とりあえず、やめて・みる」
あるいは、
◎「試しに、やって・みる」
◎「試しに、やめて・みる」
——という「とりあえず・試しに」という手っとり早い「小さな変更」を勧めている。

すると、必ずと言っていいほど、
★「やって・みて、ダメだったら、どうしてくれるのか」
★「やめて・みて、問題が発生したら、

どうするのか」
★「うまくいかなかったら、誰が責任を取ってくれるのか」
——などの反論が出てくる。

だが、それに対する回答は、
◎「やってダメなら、やり直す」
◎「問題が発生したら、また改善」
——だけのこと。

なにも、
★「どうすれば、いいのか」
★「どうして、くれるのか」
——などと「悩むこと」でもなければ、声高に「反論すること」でもない。


もちろん、「大変なこと」、つまり、「仕事のやり方」を「大きく変える」という場合は、その結果を心配しなければならない。

ゆえに、「大変なこと」は慎重に、計画的にやるべきだろう。なにしろ、「やり損なう」と「大変なこと」に、なるからだ。

だが、改善には、そのような心配はまったく不要だ。なぜなら、改善とは「大変なこと」ではなく、「小変」に過ぎないからだ。

すなわち、「仕事のやり方」を、

＊「少し変える」
＊「小さく変える」
＊「ちょっと変える」
――のが改善である。

ゆえに、改善は失敗しても、何の問題もない。いくらでも「やり直し」ができる。

逆に言えば、「やり直し」のできるのが、その人にとっても「改善＝小変の範囲」である。

そして、「やり直し」がデキない、あるいは、「やり直し」が困難なのが、その人にとって「大変なこと」ということになる。

「連続・改善事例」が「小さな勇気」をもたらす

それなのに、「やり直し」のデキる「小変＝改善」についても、
★「ダメだったら、どうしてくれる」
★「問題が発生したら、どうするか」
★「誰が、責任を取るのか」

とりあえず

試しに

やめてみる

仮説→検証

やめて・みれば、

本当に必要かわかる

必要ならやめるのをやめる

不要ならばそのまま、やめる

いつまでも

検討します＝考えてみます

――ではなく、とりあえず、試しに、スグ

検証します＝やめてみます

――など心配したり、反論したりで、「ちょっとした変更」すら、しようとしない人がいる。

このような人には「理屈&理論」は通用しない。なにしろ、ただ単に、

「やりたく・ない」

「やるのが・不安」

――ということを隠すために、理屈を振り回してるのだから。

そのような人には、実際の

「やってダメなら、また改善」

「それでダメなら、また改善」

――という「連続・改善事例」を見せるしかない。

それによって、改善は、

①最初からうまくいくものではない。

②一回で、完成するものではない

③いくらでもやり直しができる

――ことを「実感→理解→納得」させることができる。

☆

もっとも、今まで、前例に従って、「前例踏襲＝惰性的仕事のやり方」を

とりあえず

試しに

やってみる

仮説→検証

やって・みれば、

うまくいくか、スグわかる

やってみて不調ならまた改善

やってみて快調ならもっと改善

いつまでも

検討します＝考えてみます

——ではなく、とりあえず、試しに、スグ

検証します＝やってみます

やってきた人には、たとえ「小変＝小さな変更」でも「大冒険」ということになるかもしれない。

たしかに、「ちょっとした変更」でも、やはり、「ちょっとした勇気」は必要だろう。

では、「小さな改善＝小さな変更」に必要な「小さな勇気」を与えてくれるものは何か。

それは、

「やってダメなら、また改善」
「それでダメなら、また改善」
——という「連続・改善事例」である。

簡単で、わかり易い大量の「連続・改善事例」が、

＊「ちょっとした変更」
＊「ちょっとした改善」
——を、ためらっている人の背中を押してくれる。

そして、とりあえず、試しに、ちょっとだけ、少し変えてみようかという「小さな変更」への「小さな勇気」を与えてくれる。

② やってダメならまた改善 それでダメならまた改善

すべての改善が、最初から、うまくいくものではない。

「良かれ」――と思ってやった改善が裏目に出ることもある。

「ひとつの問題」が解決されても、「別の問題」が発生することもある。

自分には「ラクちん化」の改善でも、他人には「迷惑」ということもある。

☆

ある工場で、通路に「段差」があり、そのため、その場所ではイチイチ、そのつど、ワザワザ、「重たい台車」を引き上げなければならなかった。

「改善のない職場」では「しかたがない」という声が出るだけ。ブツブツ文句を言うと、

「ガタガタ言うな」

「オレたちも、そうしてきたのだ」

――と、先輩からドヤされる。

そして、そんな「仕事のやり方」が、いつまでも続く。

だが、改善の盛んな職場では、

「なんとか、ラクにできないか」

「なんとか、改善できないか」

――と考える。

すると、

「段差のところに、鉄板でも敷こう」

「スロープにすれば、台車が使える」

――などのアイデアが出てくる。

「その程度のこと」ならスグ実施できる。よって、この問題は手っとり早く、即座に解決された。

もう台車を持ち上げる必要もなく、荷物をラクに運べるようになった。

「メデタシ、メデタシ」と言いたいところだが、世の中はそんなに甘いものではない。

しばらくすると、「別の問題」が発生した。それは水を流して、床を清掃

すると、「濡れた鉄板」が滑るということだ。

そのため、

「危ないではないか」
「滑って、ケガをした」
「誰だ。こんなことをしたのは」

——などの非難が出てきた。

「改善が定着していない職場」では、そのような場合、

「ワタシが悪うございました」
「ハイハイ、元に戻しますから」

——となる。そして、それ以降、誰も改善しなくなる。

「別の問題発生」は「別のカイゼン」のチャンス

ところが、「改善が定着→活性化している職場」では

「やってダメなら、また改善」
「それでダメなら、また改善」

——という言葉が出てくる。

そして、

「滑るなら、滑らナイ化すればいい」

「危ないなら、危なくナイ化すべき」

――との声が出てくる。

つまり、「別の問題」の発生は、また「別の改善」のチャンスであると考えている。

そして、たとえば、

「鉄板の表面を、凸凹にすればいい」

「スベリ止め塗料を、塗ればいい」

――などの改善策が出てくる。

あるいは、もっと簡単に、

「ペンキに、砂を混ぜて塗ればいい」

――というアイデアも出てくる。

そうすれば、表面がザラつくので、いくら水を流しても、「濡れた鉄板」が滑ることはない。

これによって、
◎「自分もラク」
◎「他人にも迷惑をかけない」
――という「改善の完成」となった。

☆

改善は「現実直視」から始まるが、改善活動を「定着化→活性化」させる

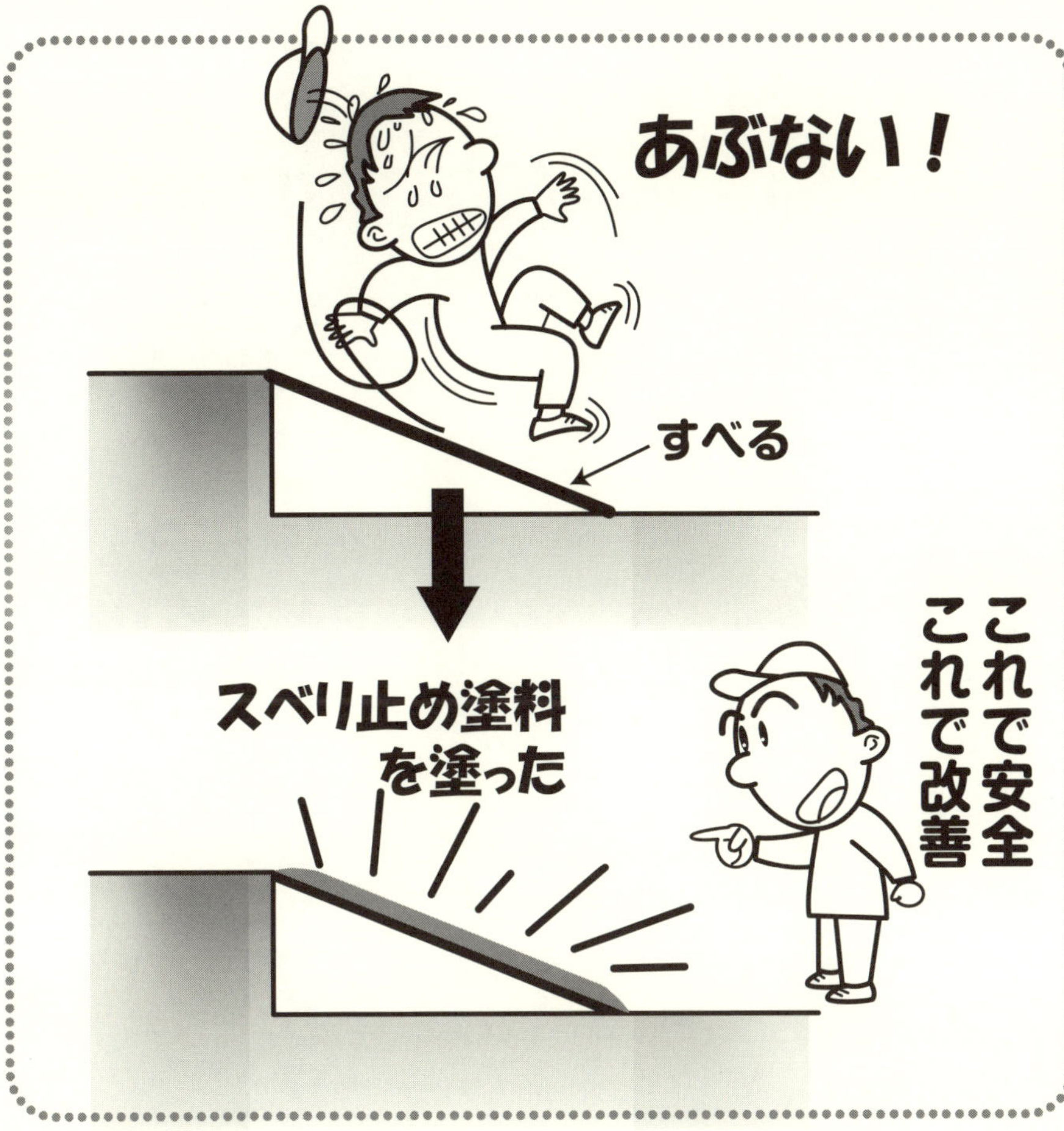

には、「改善プロセスの現実」も直視しなければならない。

「一回の改善」で、すべてがうまくいったというケースは少ない。このように、思いもしなかった「別の問題」が発生したり、「他人に迷惑」をかけることが多々ある。

しかし、そこでやめてしまっては、せっかくの改善も、「改悪」ということになってしまい、

「やらなければ良かった」

ということになる。

実際に、

「余計なことをするからだ」

「横着するからだ」

――などと叱責する人もいる。

しかし、これでは改善活動は定着化しない。改善に取り組んでいる人々のやる気をくじくだけ。

「やってダメなら、また改善」という現実的な「連続・改善事例」を数多く紹介することが「さらに改善・もっと改善」という継続化につながる。

③ 邪魔になるのなら、邪魔にならナイ化の改善を

データを入力する仕事があった。作業者は「機械の左側」に設置されたパネルのデータを読み取り、機械の画面とを、交互に見比べながら作業していた。

そのため、そのつど、「首」を左右に振らなければならず、視線も左右に動くので「見間違い」や「入力ミス」が発生していた。

このような場合、「改善が定着していない職場」では、

「間違うな」

「気をつけろ」

――といった注意がなされる。

しかし、「改善の活発な職場」なら、そのような無益なことに時間を費やすことはない。

「間違えるな」と言うより、むしろ、

*「間違えナイ化」

*「間違えニク化」

――という「やり方の工夫」のほうが手っとり早いからだ。

そして、即座に、パネルの位置を「左から右」に変える。なぜならば、「間違えナイ化」や「間違えニク化」するには「間違える原因」を取り除けばいいからだ。

この場合、首を「左↔右」に振り、視線がブレるので、どうしても「見間違い」や「読み取り間違い」が発生していたのだ。

ならば、首を「左↔右」に大きく振らなくてもいいように、パネルの位置を変えればいい。

要するに、この場合、「間違い」の「原因」は「パネルの位置のマズさ」にあったのだ。

ならば、対策は「位置の適正化」、すなわち、「見やすい位置」や「読み取り

首を左右に振る
視線がブレるので問題が発生

易い位置」に変えるだけ。まさに、「原因対策＝改善」である。

☆

だが、「気をつけろ・注意せよ」と「言う・だけの人」は「間違いの原因」を「不・注意」や「注意・不足」と思い込み、決めつけている。

もちろん、「間違いの真の原因」が「不・注意」ならば、「注意せよ」が、まさに、「真の原因」に対応した「真の対策＝改善」である。

だが、「真の原因」が「不適切なパネルの位置」ならば、それを適正化しないかぎり、いくら気をつけても、注意しても、間違いは防げない。

☆

一方、このように「真の原因」への対策なら、もはや、作業者は「首」を大きく振らなくていい。

視線もブレないので「見間違い」もなくなり、「入力ミス」もかなり解消された。

このように「仕事のやり方」を変え

「間違いの原因」を「取り除く」のが改善である。

「仕事のやり方」を変えず、ただ、「間違うな・注意せよ」と言い続ける職場と、どちらが、よりラクに、速く、効果的な仕事ができるだろうか。

☆

だが、「改善＝原因対策」も良いことばかりではない。たとえば、パネルが「通路」に、ハミ出す場合、「別の問題」が発生する。

「歩行の邪魔」になったり、あるいは、パネルに当たって、怪我をすることもある。

すると、「改善のヘタな職場」では

「誰だ。こんなことをしたのは」
「余計なことをするからだ」
――という声が出てくる。

「せっかくの改善」も、そこで潰されてしまう。その後、この職場では、「そして、誰も改善しなくなった」
――ということになる。

だが、「改善のうまい職場」では、

「別の不都合」が発生してからが、「本当の改善」の出番だと知っている。

そして、

「パネルが邪魔になるのなら、さらに、邪魔にならナイ化すればいい」

――と考える。

そして、「横がダメなら縦」という「改善の公式」に従って、パネルを「機械の上に置く」というアイデアが出てくる。

もし、機械の上部に適当なスペースがなく、置くのが難しい場合、さらに「天井から吊るす」という「別の方法」を考えればいい。

あるいは、横にハミ出して、邪魔にならないように「折り畳み式」というアイデアもある。

このように、

「やってダメなら、また改善」

「それでダメなら、また改善」

――という「改善の積み重ね」にて、自分もラク、他人にも迷惑をかけない「改善の完成」となる。

④ 連続改善の繰り返しで先読み能力
先読み改善力の開発

「連続・改善事例」、すなわち、
＊「やってダメなら、また改善」
＊「それでダメなら、また改善」

――などといった事例を紹介すると、これまた、必ずと言っていいほど、
「ナゼ、最初からそうしなかったか」
「初めから、そうすればよかったのに」
――という声が出てくる。

だが、それは自分では、何も、改善せず、「他人の改善」を批評するだけの「社内・評論家」に過ぎない。

もちろん、最初から「不都合が発生しない改善」ができるのなら、それにこしたことはない。

だが、我々は、
「やってみれば、わかる」
「やってみなければ、わからない」
――という世界に生きている。

改善をやってみて、「別の不都合」に気づくことがある。それが神ならぬ「生身の人間」である。

もちろん、「プロの棋士」なら先が読める。アタマの中で「何十手先」も読める。

だが、我々は「プロの棋士」でなく、「ヘボ棋士」である。「ヘボ棋士」は駒を置いて、初めて気づく。

プロの将棋では「待った」は許されない。しかし、改善は「待ったアリのヘボ将棋」である。

やってみて、それでダメだったら、ためらうことなく、即座に「待った」をかければいい。そして、また「別の改善」をすればいい。

最初から「完全な改善」をする必要はない。「目前の問題」を解決するため、とりあえず、「仕事のやり方」を少し、ちょっと「変えてみる・だけ」でいい。

それで「別の問題」が発生したら、また「別の対策＝別の改善」をすればいいだけのこと。

「ひとつの改善」によって、「別の問題」を顕在化できる。それが、また「次の改善」につながる。

☆

最初から「完璧な改善」をやろうとすると、何もできなくなる。むしろ、改善によって、「隠れている問題」をあぶり出す――と考えるほうがいい。

「最初の改善」は「次の改善」へのステップに過ぎない。そう考えると、気楽に、手軽に、手っとり早く改善に着手できる。

そして「さらに改善・もっと改善」を積み重ねる。その繰り返しによって「アタマの引き出し」に、大量の「連続改善」が蓄積される。

すると、「ある改善」をした場合、だいたい「このような問題」が発生するという「玉突きのパターン」が読めるようになる。

「将棋の名人」のアタマには戦局のパターンが多数蓄積されている。それと同様、「改善の達人」のアタマには、「連続改善のパターン」が、多数、蓄積されている。

それゆえ、「次にやるべき改善」も見えてくる。それが「先読み改善力」である。

実験(仮説→検証)をやってみれば、スグわかる

改善は「原因の裏返し」である。ゆえに、原因がわかれば、改善ができる。

すると、今度は、

「原因不明だから、苦労している」

「原因不明ゆえに、改善デキナイ」

——という声が出てくる。

だが、「原因がわからナイ」からと、そこで簡単に「改善を放棄」することはない。

わからなければ「わかる化」すればいいだけのことだ。それでは「原因をわかる化する」には、どうすればいいのだろうか。

もちろん、「原因追及法」はイロイロある。だが、最も手っとり早いのは「仮説→検証」。わかり易く言えば、「とりあえず・やって・みる」ということだ。

だいたい「これが原因かな——」と見込み(仮説)を立て、それを変えてみる。その結果、不具合な状況に変化がでれば、おそらく、それが原因だとわかる。

もっとわかり易くいえば、「実験してみる」ということだ。試しにやってみれば、それが原因かどうか、スグわかる。

ところが、「やって・みる」ということをしないで、アレコレ考えるばかりでは何もわからない。

☆

このことは何も、難しいことでも、目新しいことでもない。

誰もが、「小学校の理科の時間」に、「モノゴトの実態」を知るには

①観察・観測(調べる)

②実験(やって・みる)

③思考(考える)

——の3つが必要と習ったハズ。

もちろん、「大変なこと＝大掛かりなこと」は簡単にはできない。ゆえに、じっくり「調査→分析→検討→計画」というプロセスが必要だろう。

しかし、「小変＝ちょっと変える」では、そのようなメンドウなことなど不要。とりあえず、試しに「やって・みる」だけでいい。

茂みに何が隠れているか、狸か、狐か。長時間にわたって、観察したり、足跡や糞などから、推測することもできる。

だが、最も手っとり早いのは、試しに石を投げてみることだ。すると、何が飛び出すか(何が隠れていたか)が一発でわかる。

つまり、試しにやって・みながら、「真の原因」を追究——というのが「改善的なやり方」である。

連続改善の繰り返しで
先読み改善力の強化

将棋の名人は、「先」が読める。ゆえに、

先を読んだ手＝先手対応

—— がデキる。それは多くの「将棋の定石」や「パターン」が多数、蓄積されているからだ。

改善の達人も、「先」が読める。ゆえに、

先を読んだ改善＝先手改善

—— がデキる。それは多くの「改善の定石」や**連続・改善パターン**が蓄積されているからだ。

●やってダメなら、**また改善**

★それでダメなら、**また改善**

—— という**連続改善**の「繰り返し＆積み重ね」で、

改善で発生する「不都合のタイプ」

次にやるべき改善 ——が見えてくる。

それが**先読み改善能力**

⑤ やって良ければ、さらに改善 やって良ければ、もっと改善

「すべての改善」が、いつも、いつもダメというわけではない。たまには、「最初の改善」がうまくいく場合もある。

だが、それで満足することはない。

「やって良ければ、さらに改善」
「やって良ければ、もっと改善」

――と、「次の改善」をさらに、もっと続けて積み重ねるべきだろう。

すると、

「もっと、わかり易化」
「さらに、やり易化」

――となる。

☆

ある工場で「パイプ」が通路に張り出していた。そのため、よくアタマをぶつけるという問題があった。

もちろん、「パイプの位置」を高くすれば、「ぶつけナイ化」が実現できる。だが、イロイロな事情でスグにはデキなかった。

もっとも、そこで長年働いている人々なら、そのような職場の不都合を知っているので問題はない。

だが、新入社員や異動してきた人は何も知らないので、最初は、アタマをよくぶつける。

そのような場合、「改善マインドのない職場」では、

「気をつけろ」
「注意せよ」

――と言われるだけ。

あるいは、

「そのうち慣れるから」

――と言われるくらい。

しかし、「改善の盛んな職場」では「慣れない人」がぶつける前に、「予め防ぐ」という「予防改善」がなされる。

そして、とりあえず、

①「頭上注意」の表示がなされた。

そのおかげで「ぶつける問題」は少し解消された。

しかし完全ではない。実際は、時々、まだ、ぶつける人がいる。

ならば、「もっと改善」で、

②「トラテープ」を巻く
③「ヒモ」を暖簾のように下げる

――など「より・目立つ化」の改善がなされた。

すると、イヤでも「目に入る」ので、かなり「ぶつけニク化」となった。

さらに、

④「スポンジ・トラテープ」に変える
（または、「トラテープ」の下に「スポンジ」を巻く）

――という追加改善がなされた。

それによって、たとえ、

*「ぶつけ・ても、痛くナイ化」
*「ぶつけ・ても、怪我しナイ化」

――など「テモ化の改善」、すなわち、「被害の食い止め化」となった。

このような「連続・改善」や「追加・改善」を、数多く共有化している職場

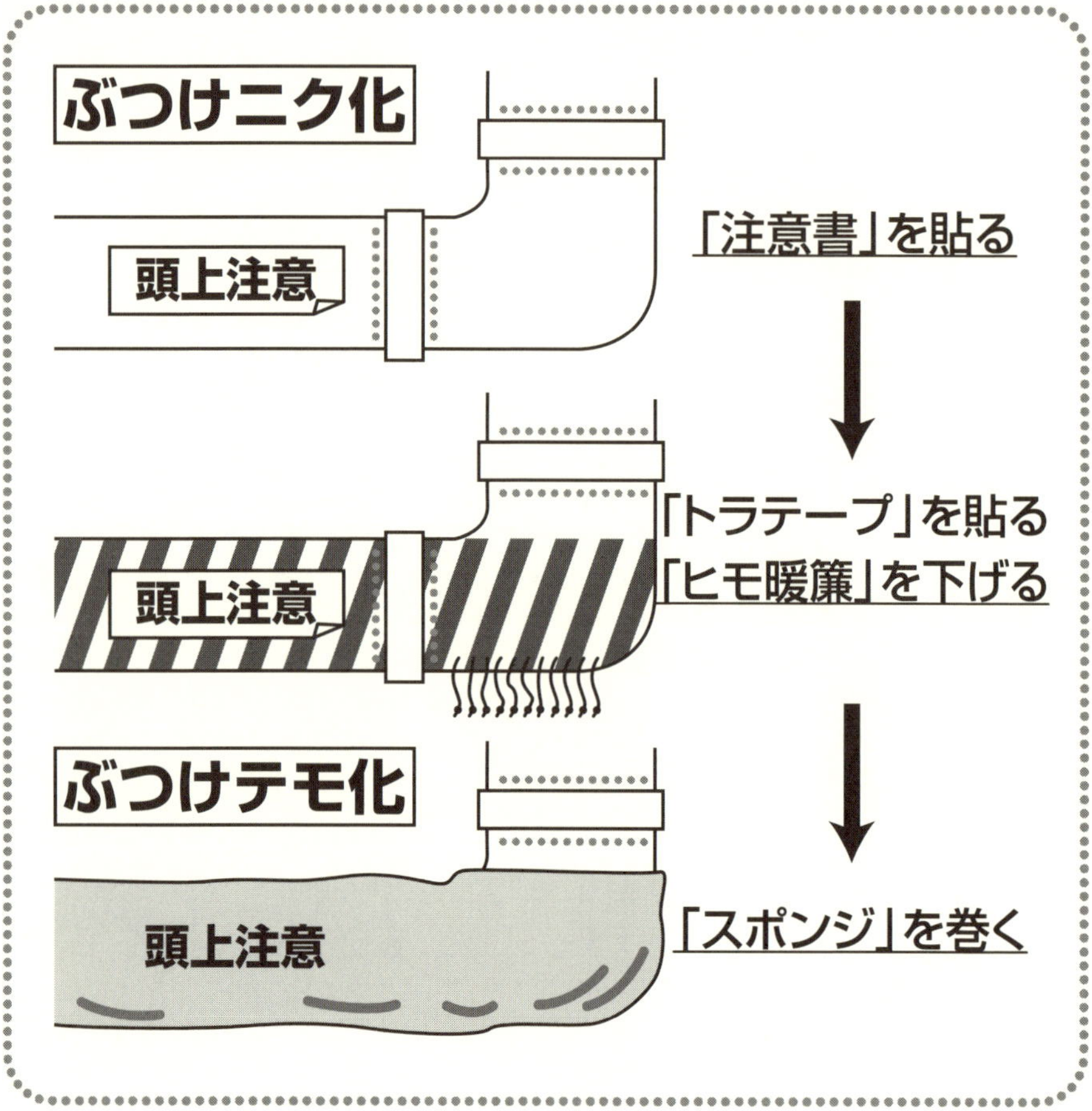

では、
①とりあえず、「やって・みる」
②そして、「さらに改善」
③続けて、「もっと改善」
——という「連続&追加改善」のコツを習得できる。

☆

たとえば、「スイッチの押し間違い」という問題に対しても、
①とりあえず、「表示する」
②とりあえず、「色分けする」
——など即座に「手っとり早い改善」がなされる。

そして、次には、
③「触ってはいけないスイッチ」に「テープを貼る」
——という追加改善がなされる。

それでも、まだ問題があるのなら、さらに、
④スイッチを「囲む」
⑤「カバー」をする
——などの「改善の上乗せ」、つまり、「改善の積み重ね」=「連続改善」がな

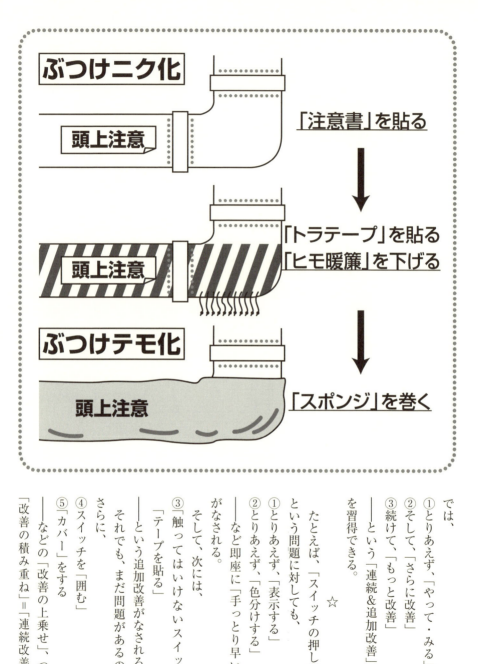

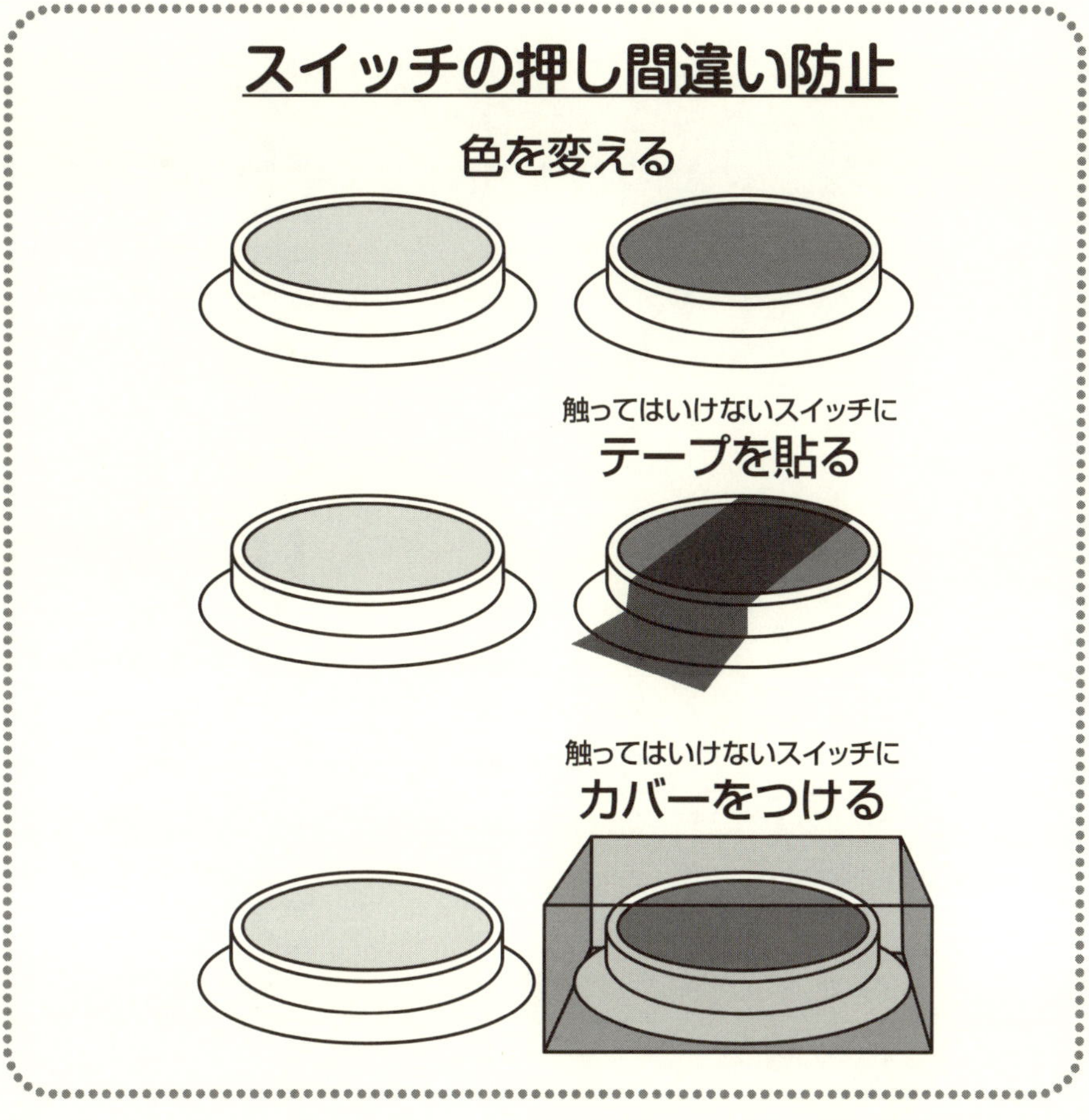
スイッチの押し間違い防止
色を変える
触ってはいけないスイッチに
テープを貼る
触ってはいけないスイッチに
カバーをつける

される。

ところが、「連続改善」が共有化されてない職場では、「スイッチの押し間違い」という問題に対して、

「気をつけろ」

「注意せよ」

――という「掛け声」ばかり。

あるいは、最初から「完璧な解決」をやろうとして、いつまでも「検討」をしている。

何もしないで「検討している間」に「押し間違い」という問題は、毎日のように発生している。

だが、「この程度の問題」ならば、ヘタに「検討する」より、とりあえず「やってみる」ほうが、手っとり早く解決できる。

とりあえず、やって・みれば、

◎「次にやるべき改善」

◎「もっと効果的な改善」

――など、わかってくる。

そして、手っとり早く「より多くの効果＆メリット」を享受できる。

⑥ 先手対応・前始末化で仕事のやり易化・ラクちん化

「連続改善」の繰り返しや、多数の「連続改善事例」の共有化によって「あらかじめの発想力」、すなわち、
①「先読み能力＝予知・予測・予想力」
②「先読み改善＝先手&事前改善力」
——を習得できる。

☆

ナニゴトも、後手、後手に回ると、ゴテゴテしてくる。いつも、いつも、「不都合への対応」や「後・始末」に追われるばかりとなる。

しかし、「問題や不都合の発生」を事前に「予知・予測・予想」できれば、「事前対応・先手対応」などによって、「仕事のやり易化」ができる。

「先手対応」で「電池」の「取り出し易化」

といっても、それは、けっして難しいことではない。身近で、わかり易い事例を挙げるなら、それは「電池ケースのリボン」のようなもの。

「電池ケース」には小さなリボンがついている。その端をちょっと引っ張れば、電池を簡単に取り出せる。

しかし、単なる布キレに過ぎない「リボン」がなければ、どうだろうか。電池の取り出しに苦労する。

「電池ケース」と「電池」の間に、ムリヤリ指先を差し込まなければならない。

場合によっては、ハサミやドライバーなど、道具を使わなければならない。

これが「先手」と「後手」の違いだ。ナニゴトも「先手対応」なら、ラクに早くできる。

だが、「後手対応」では、「余計な手間」がかかる。

電池ケースのリボンにおける先手対応・先読み改善の効果

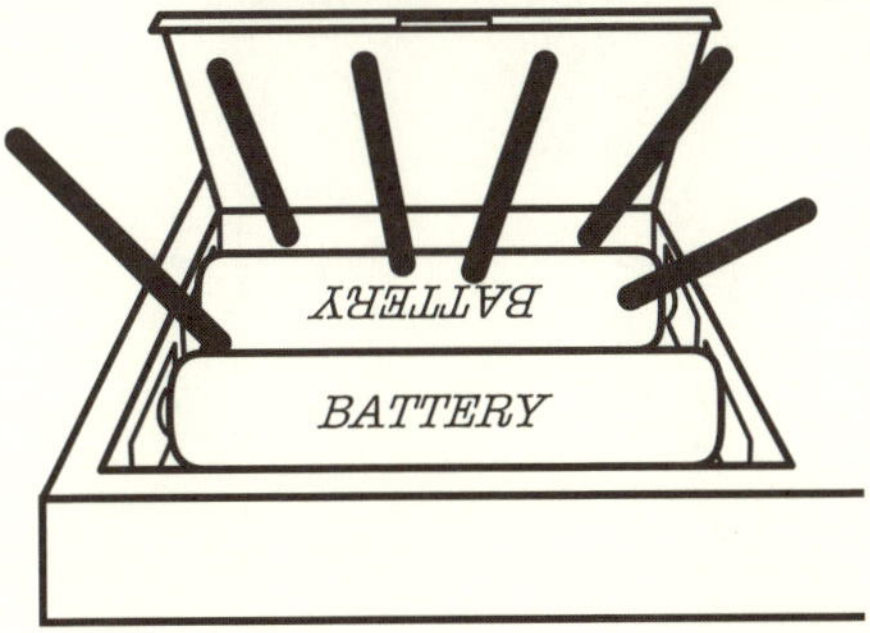

「電池ケース」から
「電池を取り出す」のに手間取る。

場合によっては
ハサミなどで
ムリヤリこじ開けねばならず、
かなり、手こずり、苦労する。

あらかじめ、前もって
「リボン」を敷いておく。

「リボン」の端をちょっと
引っ張るだけで、
簡単に電池を取り出せる。

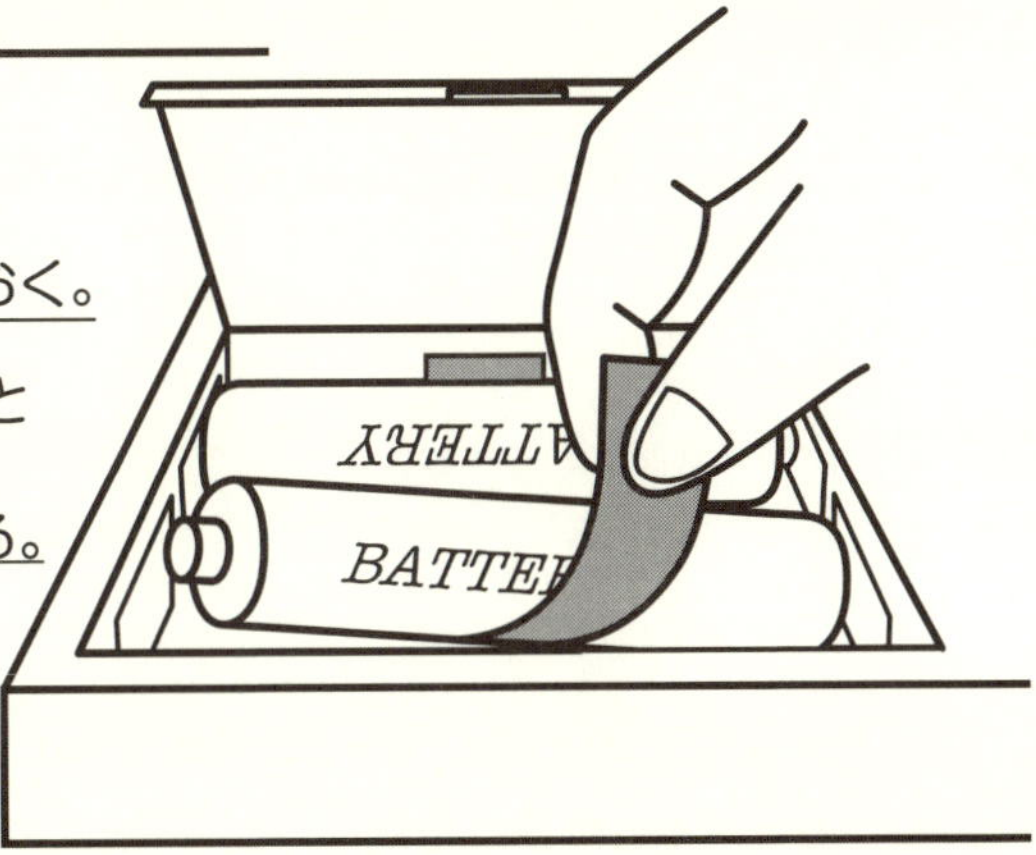

電池を入れる時、あらかじめ、「リボン」を下に敷いておけば、それを引っ張るだけで電池を浮かせることができる。

たとえ、強過ぎるスプリングの電池ケースでも容易に取り出せる。

だが、この「リボン」がなかったり、また「リボン」があってもそれを活用しなければ、後で、電池を取り出す時、「余計な苦労」となる。

「先手対応」で「仕事のラクちん化」

これと「同じようなこと」が仕事の中にもないだろうか。

たとえば、

①「散らかる」→「片付ける」
②「汚れる」→「拭き取る」
③「壊れる」→「修理する」

――などといった場合、

「先読み能力」の乏しい人は、

①散らかってから、その後、片付ける

②汚れてから、その後、拭き取る
③壊れてから、その後、修理する
――という「後・始末」となる。

だが、「先手対応」が上手な人なら、

①「散らかる前」に、片付け易いようあらかじめ「シート」などを敷いておく。

☆

②「汚れる前」に、拭き取り易いよう先に「コーティング」を施す。

あるいは、「汚れる前」に、ラップを巻いたり、貼っておく。すると、いくら汚れても、「ラップ」を外せば、ピカピカなので、拭き取る必要もない。

☆

③「壊れる前」に修理がやり易いよう「分解手順や組立て要領」などを「マニュアル化」しておく。

――といった「前・始末化」にて対応している。

とにかく、「後・始末」は「余計な手間」がかかる。しかし、それらを先手対応にて「前・始末化」すれば、「改善的・手抜き」ができる。

とりわけ、緊急事態では「先手対応」と「事後対応」の「違い」が際立つ。

「先手対応」は、どのような不都合が発生するか、予知・予測・予想しているので、「緊急時の連絡先」や「とっさの対処法」などが、「見える化・わかる化」されている。

しかも、単なる「わかる化」でなく、

＊「良くわかる化」
＊「スグわかる化」
＊「誰でもわかる化」

――という「工夫＝改善的対処」がなされている。

「後手対応」の職場では、緊急事態に何をすればいいか、どうすればいいかわからナイ。慌てふためき、バタバタするばかり。

「やること・なすこと」が、すべて後手・後手ゆえ、焦るばかりで「効果的な対応」ができナイ。

☆

「先手対応」&「後手対応」を英語で「フィード・フォワード」と「フィード・バック」と言う。

「フィード」とは「入力」や「対処」あるいは「餌をやる」という意味。

親鳥が「雛鳥の鳴き声」に反応して慌てて「餌を取りに行く」のが、「フィード・バック＝後手対応」。

それに対して、「雛の空腹」を予知・予測・予想して、雛が寝ている間に餌を取りに行くのが「フィード・フォワード＝先手対応」である。

顧客からの「問い合わせ」や「クレーム」に慌てて対処するのが「事後対応・後手対処」。

それらを事前に察知して、スグ対応できるように、あらかじめ対処しておくのが、「先手対応＝フィード・フォワード」である。

☆

いわゆる「おもてなし」とは、「接客の先手対応」に他ならない。顧客のニーズを先読みして、「痒いところに手が届く」のが「おもてなし」である。

あらかじめ
前もって
先手対応
事前対応
前始末化
仕事のラクちん化

事後対応 ＝ 後始末 は手間がかかる

予知・予測・予想 で
事前対応＝前始末化 すれば
改善的手抜き ができる

連続改善 で
先読み能力 を開発すれば
予防＆先手改善 ができる

第6章

手っとり早い改善実施ノウハウ⑥

「簡単な改善事例」から「改善ノウハウ」を学び、「自分の仕事の改善」に応用

「単純な改善&簡単な事例」から、
「改善の原理・原則・定石」を習得できる。

もちろん、それらは「そのまま」では
「自分の仕事の改善」には使えない。

だが、「複雑な問題」も
「枝・葉」を切り、要素に分けてみると、
「改善の原理・原則・定石」を応用できる。

むしろ、「そのままでは使えない」ような
「異業種&異職種」の「改善事例&ノウハウ」が
「改善発想の強化」→「改善力の増強」につながる。

「単純な事例」を通じて「改善の原理・原則・定石」を習得、そして「自分の仕事の改善」に応用

日本HR協会が主催する「改善セミナ」では、誰でもわかる「簡単な改善事例」を映写しながら

①「改善的な考え方」（思考&発想）
②「改善の原理・原則・定石・公式」
③「手っとり早い改善実施ノウハウ」

——などを解説している。

もちろん、「それ・だけ」ではなく、それに関連する「具体的な事例」など大量に映写しながら紹介している。

だが、基本的な「改善の原理・原則の解説」に関しては、やはり「単純・明快な事例」を基にしている。

なぜなら、「改善セミナ」にはイロイロな「業種・職種・階層の人々が受講しているからだ。

そのため

＊「工場の人」にも
＊「お店の人」にも
＊「事務所の人」にも

あるいは

＊「経営者や幹部」にも
＊「管理・監督職」にも
＊「パート社員」にも
＊「新入社員」にも

——誰にも「わかるような事例」を使わざるをえない。

「企業内・研修」では「自社事例」を基に解説

もちろん、「企業内研修」の場合はその会社の実際の「具体的な事例」を基に展開する。

「3時間研修」のうち、少なくとも「1時間以上」は「具体的な改善事例の研究&解説」に充てている。

そのため、事前に「受講予定者」の「改善事例」を送付いただき、それらを基に「20～30件」くらいの事例教材を作成する。

それらをスクリーンに映写しなが

ら「改善の方程式・定石・公式」とともに「手っとり早い改善ノウハウ」をじっくり解説。

☆

しかし、イロイロな人々が受講する「公開改善セミナ」では、そのような「実際の具体的な事例」ばかりでは、「他業種・他職種の人」には、少しわかりにくい。

そのため、誰もが知っているような「典型的な事例」や誰でも理解できる「単純な事例」を使って「原理・原則」を解説する。

「自分の仕事」に
「そのまま使える事例」の要望

ところが、そんな「典型的事例」や「簡単な事例」に対して、「自分の仕事の問題」は
＊「そんな単純なものではない」
＊「そう簡単には解決できない」
＊「もっと複雑な事例で説明を」

複雑なままでは
何もわからない
複雑だ
困難だ
むつかしい
どこから
着手すべきか
わからない

――といった声が出てくる。

そして、「直面している問題」に、「そのまま使える具体的な改善策」を求める。

☆

そのような人は「自分の抱えている複雑な問題」を複雑なまま一挙に解決しようとしている。

そのため、「自分の仕事」の「事情や条件」にピッタリ合致した改善事例を求めている。

だが、そんなに「都合のよい事例」があるわけではない。ゆえに、イロイロな改善事例に対して、

「業種が違うから参考にならない」
「職種が異なるから役に立たない」
「状況が違うからヒントにならない」

――といった不満となる。

まして、「利害の対立」や「意見や感情的な対立」など、それぞれの職場の独自の事情に直面すると、何もできず立ち往生してしまう。

枝葉を切れば
問題の幹が見えてくる
改善の糸口が
見つかる
単純化すれば
要点が見えてくる

「枝・葉」を切り捨て、問題の「根・幹」を見抜く

そのような場合、とりあえず「複雑に絡みあった要素」を、個別に分解し、「複雑な問題」を「単純化して・みる」ことだ。

ところが、「自分の仕事の問題」の「単純化」をイヤがる人々がいる。さまざまな理由を挙げて「単純化・簡素化」に抵抗する。

そして、「自分の問題」が

*「いかに困難か」
*「いかに複雑か」
*「いかに特殊か」

――を訴え、「自分の仕事」における「困難・複雑・特殊性」をやたらと強調する。

だが、それらに囚われて、それらを訴え、強調し、それらに自己満足していては問題は解決できない。

マズ、とりあえず、「自分の問題」を単純化・簡素化して・みることだ。

それには、「要するに――」という言葉を呟きながら、

*「この仕事の目的」は何か
*「この問題の原因」は何か
*「最・重要事項」は何か
*「最・優先事項」は何か
*「あるべき姿」は何か

――と「問題の骨格」を「いくつかの要素」に分解してみる。

すると、「問題の枝・葉」が、切り落され、「問題の根・幹」が見えてくる。

「自分の問題」に関して「困難・複雑・特殊性」を、やたらと強調する人々は、要するに、「問題の枝・葉」に囚われているのだ。

ところが、それらを、バサバサ切り払ってみると、いかに「複雑な問題」もその「根幹」は「簡単・単純な事例」と「同じような構造」に過ぎないことに気づく。

☆

それゆえ、「自分の問題」に対して、「そのまま使える事例や改善策」を求める人には、逆に、「究極の単純事例」を説明する。

「共通点」を見出せば「応用」できる

それは「複雑な問題」を「複雑なまま・解決する」のでなく、とりあえず「単純化・簡素化――して・みる」のが「手っとり早い改善ノウハウ」であると実感してもらうためだ。

すると、「他社・他職場・異業種・異職種」における「様々な改善事例」を「自分の仕事の改善」に応用デキるようになる。

なぜなら、「どんなに複雑な問題」もそれらの「枝・葉」を切り落として、それらの「根・幹」を見れば、どれも「同じような問題」に過ぎないことに気づくからだ。

だが、「自分の問題」の「枝・葉」に囚われていると、その「同じようなもの＝共通点」が見えなくなる。そして、表面的な「差異・違い・特殊性」などに目がいく。

そのため、「他社事例」に対して、「業種が異なるから、役に立たない」「職種が違うから、参考にならない」――と言い出す。

さらに、

*「条件が異なる」
*「状況が異なる」
*「規模が違う」
*「環境が違う」

――など「差異・違い」ばかり注目し、「共通点」を見出せなくなる。

だが、「究極の簡単事例」によって「改善の原理・原則・定石」を理解している人は、モノゴトを単純化し、その根幹を見抜き、「違い」より、むしろ「共通点」に着目する。

すると、たとえ、「業種や職種」が異なっても、どこでも、どの会社でも「同じような問題」を抱えていることがわかる。

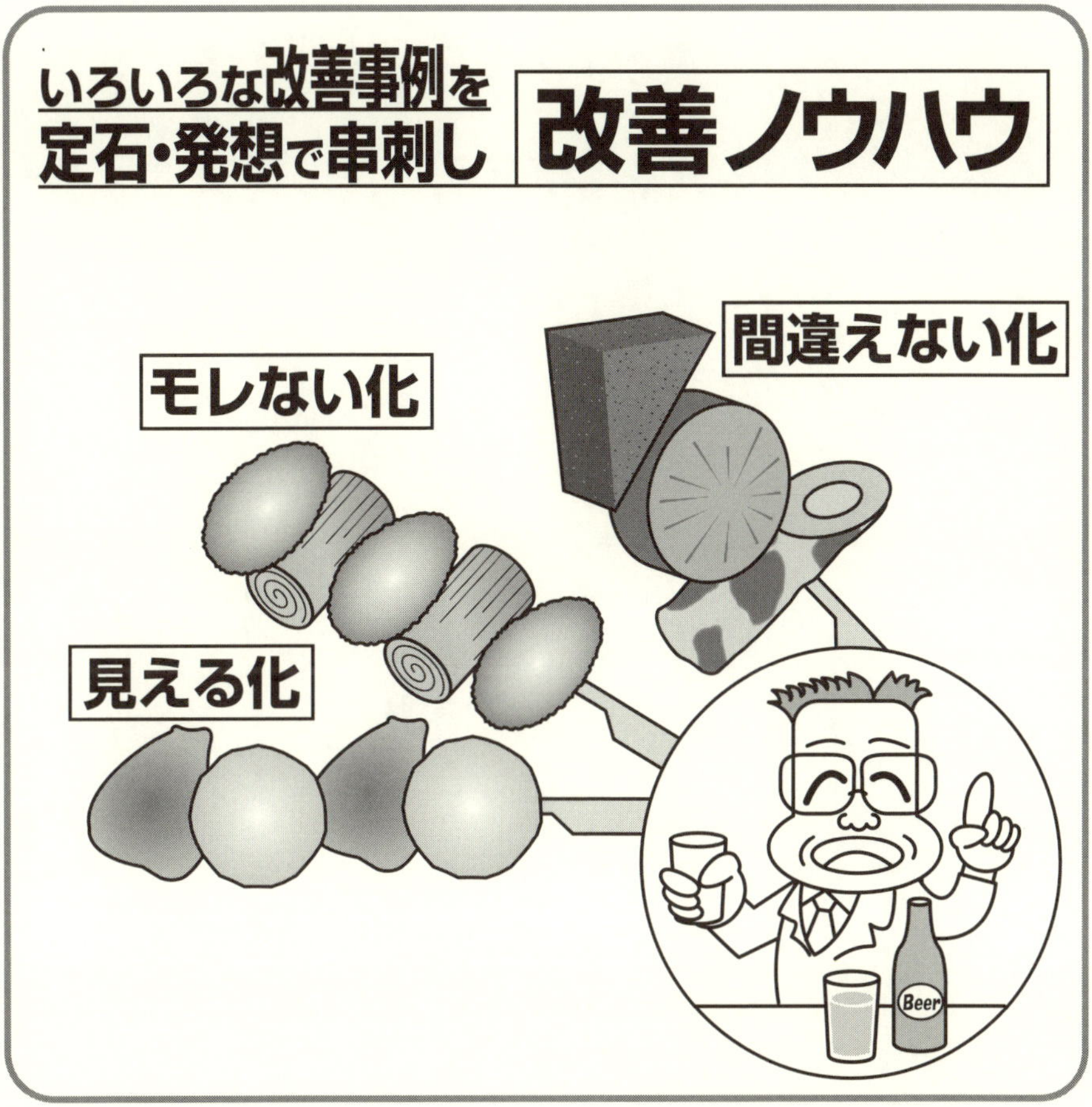

「改善ノウハウ」とは「改善の串刺し」である

また、それら「同じような問題」は「同じような方法」で、つまり、同じような「改善の定石・公式」で、解決されていることもわかる。

多くの「改善事例」の「共通点」を読み取ることができれば、それらを

「問題・別」
「原因・別」
「定石・別」
「公式・別」
「発想・別」

——などで「串刺し」できる。

「簡単な事例」を中心として、その周りに、関連する「具体的な事例」を並べてみると、次のような共通要素が見えてくる。

①改善の方程式（問題の裏返し）
②対策の方程式（原因の裏返し）
③対策パターン（改善の定石・公式）
④定石パターン（○○化・○○活用）

これらが「アタマの引き出し」に、「具体的な事例」とともに数多く蓄積されると、問題に直面した時

「こんな問題は、こうすればいい」
「こんな場合は、こんな対策法が」
「こんな条件では、こうすればいい」

――といった「改善の反射神経」ができあがる。

「改善能力」の強化には、数多くの「改善事例の蓄積」が必要だ。しかし、ただ多くの事例を貯め込むだけでは「改善力」にはなり得ない。

「多くの改善事例」から「共通点」を読みとり、それらを簡素・単純化した「簡単な事例」との「組み合わせ」が「改善力」となる。

☆

「そのまま使える事例や改善法」を求めている人は、いわば「魚の釣り方」ではなく、「魚・そのもの」を求めているようなもの。

「与えられた魚」を食べたら、また「次の魚」を求めなければならない。

一方、「単純な事例・解説」に「改善的思考&発想」を修得する人は「魚の釣り方」を身につけている。

そのつど「個別対策」を教えられなくても、それ以降は、自分で「自分の問題」を手っとり早く解決できるようになる。

「改善ノウハウ」は「異業種」から学ぶべし

それゆえ、「改善セミナ」は「業種別・職種別・階層別」などに、あまり細分化しない。

むしろ、

「あらゆる業種」
「すべての職種」

――を対象としている。

また、「企業内・改善研修」にしても、

*「異なる職種」
*「すべての階層」
*「異なる部門・部署」

による「混合・混成研修」を推奨している。

なぜなら、「受講対象が細分化された研修」より、「混合研修」のほうが、「異なる仕事の異なる改善事例」から「共通した問題の構造」を読み取って、「共通した改善ノウハウ」を修得できるからだ。

また、「中小企業」など、自社単独の「企業内・改善研修」が難しい場合は「工業団地」や「同業組合」などでの「合同研修」が勧められる。

そのほうが「自社の単独研修」より、却って「より効果的な研修」となる。その理由は、もはや、説明するまでもないだろう。

「専門的な研修」は「異業種」や「同業種」の「合同研修」は難しいだろう。

だが、「簡単事例」による研修なら、お互いの事例を共有化できる。また、それらを通じて「すべての業種・職種」に「共通する改善ノウハウ」を修得できる。

異業種
異職種から

改善ノウハウを
習得→応用するには

社内研修より、むしろ
異業種&同業の
合同改善研修

「専門的な研修」は

同業→企業秘密がモレるから、ダメ
異業→専門的内容なので理解できない

「小変＝改善研修」なら

同業＝たいした内容ではないので、**共有化**も**可能**
異業＝**簡単**な事例なので、お互いに**理解**できる

「泡」は「あ」と「わ」から成り立っている

「簡単な事例」によって、モノゴトの本質を見極める。あるいは、「枝・葉」を切り落として、「モノゴトの根幹」を見抜く——ということに関して有名なエピソードがある。

それは「シングル段取り」など画期的な改善方式を開発し、「ジャスト・イン・タイム生産方式」の技術的基礎を築いて「改善の神様」とも言われた「新郷重夫」氏のユニークな改善指導法である。

☆

ある化学工場で、薬品の泡が大量に発生して困っていた。特に、新製品は

特別に「粘性の強い薬品」を使うので、泡がなかなか消えない。

その問題を解決すべく、当時すでに新進気鋭の工場コンサルタントとして有名だった新郷重夫氏に、指導依頼がなされた。

工場を訪れた新郷氏に対して、職場の技術担当者は、

「ナゼ、こんなに泡が発生するのか」

「ナゼ、泡が消えないのか」

——ということに関して、新材料の「化学式」まで持ち出して、粘着力や表面張力など詳細に説明を始めた。

特殊な成分ゆえ、市販品の「消泡剤」が効かないので苦労しているとクドクド説明を続けた。

だが、新郷氏の専門は機械工学で、残念ながら、「化学の専門的説明」は、チンプンカンプンだったらしい。

説明を聞き終わったところで、

「泡」は

「あ」と

「わ」で成り立っている。

——と呟いた。

それを聞いた担当者はあまりにも、アタリマエ過ぎることに唖然とした。

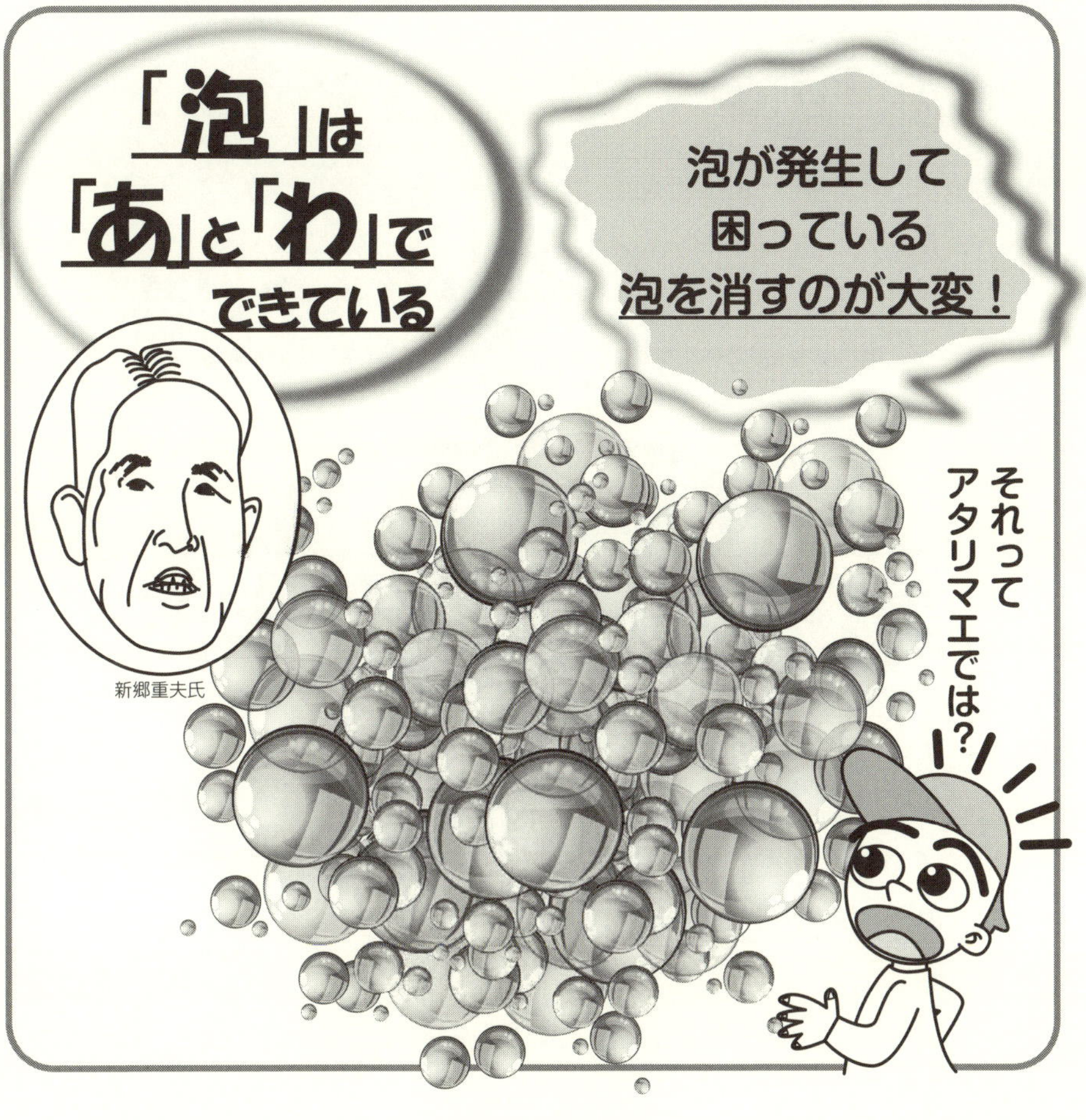

「有名&有能な先生」と聞いていたが、なんという「アホなこと」を言うのかと、まさに、開いた口がふさがらなかったとのこと。

「泡」の「構成要素」は何か？

そこで、新郷氏は、次のように説明された。

「泡の構成要素」は何か。それは

①内部の「ガス・気体」

②外側の「膜＝薄く延ばした薬品」

――の「２つ」である。

☆

そのことをわかり易く「泡＝あわ」は「あ」と「わ」の「２つの要素」から成り立っていると表現したのだ。

「構成要素」が、「２つ・だけ」なら、その対策は、次の「２つ」である。

①**「ガス」を発生させない。**

あるいは「ガス」の発生を減らす。

②「膜」を作らせない。

あるいは、できてしまった「膜」を破壊する。

いわゆる「消泡剤」とは、材料の表面張力を弱くして、膜を壊れ易くするものだ。

この場合、特殊な成分ゆえ、市販の「消泡剤」が効かない。それで困っていたのである。

ならば、どうすればいいだろうか。

もちろん、「特殊な成分」にも通用する「強力な消泡剤」を開発するのも、ひとつの方法だろう。

しかし、それには時間かかる。それより「手っとり早い方法」があるなら、それで、即座に問題を解決するほうがいい。

「膜を破壊する方法」は「消泡剤」という「化学的な方法」だけではない。「物理的に破壊する方法」もある。

たとえば、

①金網を通過させる

②シャワーをかける
③強風を吹きつける
――などがある。

これらの方法を、うまく組み合わせれば、「消泡剤」による化学的な方法が効かない手強い泡でも、かなり消滅させられる。

だが、この場合の対策は、それだけではない。

「泡」のもうひとつの「構成要素」である「ガス・気体」に着目して、それらを

*「発生させない」
*「発生量を減らす」

――という方法もある。

それは泡が発生してから、その後、泡を消す（破壊する・つぶす）という「事後・対策」でなく、「泡」の「発生そのもの」を抑えるという「事前・対策」でもある。

では、どうすればいいか。マズは、薬品の投入方法を変えてみることだ。

今まで、材料をドボドボと注いでい

たから、空気を巻き込んだり、落下の衝撃で「多くのガス」が発生していたのだ。

それは「ビールの注ぎ方」を見ればよくわかるだろう。グラスにドボドボ注げば、大量の泡が立つ。

だが、グラスを斜めにして、そっと注げば、泡の発生をかなり抑えることができる。

つまり、薬品をドボドボ注ぐのではなく、タンクの側面に沿って、静かに注ぐようにすれば、泡の発生もかなり抑えられる。

このように、「泡」の「2つの構成要素」である「ガス・気体」と「膜」の「両面対策」の「組み合わせ」によって、「泡の大量発生」という困った問題は即座に、かなり解消された。

「要素」に分けて攻める

工場の「技術担当者」はあまりにも化学的な専門知識があり過ぎたので、「いかに消泡が困難か」——を詳しく説明できた。

しかし、それら「枝・葉」に囚われ、もっと「手っとり早い解決方法」への発想ができなかったのだ。

だが、「化学的・専門知識」のない新郷氏は、そのおかげで、

「専門的な難しいことは、わからんが、要するに、泡を構成している要素は、ガスと膜の2つに過ぎない」

——と本質を見抜いた。

そして、「構成要素が2つ」ならば、その対策は「2つの要素」に「分けて考えればいい」という思考に至る。

☆

ところが、このエピソードを紹介すると、たちどころに、

「私の職場は化学工場ではない」
「私の仕事に、泡の問題はない」

——などと言い出す人がいる。

だが、本件で、説明しているのは、「泡の問題」の「具体的な解決法」などではない。

あくまでも、「泡の問題解決」というひとつのエピソードを通じて

①「問題の枝葉」に囚われず
②「構成要素」に「分けて考える」

——という「改善的思考&発想法」に関する説明である。

問題に直面した時、

「どうしようか」
「どうすればいいか」

——ばかりを考えても、解決の糸口は見つからない。

だが、

「その問題の構成要素は、何か」
「それは何から成り立っているか」

——という「分割発想」ができれば、それらの「構成要素に分けて攻める」という観点から「問題解決の糸口」をつかめる。

この「改善思考法」を習得すれば、たとえ、「業種や職種」が異なっても、他の改善事例を「自分の仕事の改善」に応用できるようになる。

マズ、

要素に分ける

要素別に対処

要素に分けて攻める

分ければワカる

分ければデキる

問題（泡）の**構成要素**は何か？

① 外側の膜

② 内部のガス

「泡」は「あ」と「わ」でできている

①膜への対処　→ 化学的対処＋物理的対処

②ガスへの対処→ 発生を止める・減らす

「ネジの締め忘れ防止」の「改善の原理・原則・定石」を「自分の仕事の改善」に応用する

「簡単でわかり易い事例」を使った「改善ノウハウ」として、

たとえば、

「ネジを6個締める作業」において、「ネジの締め忘れ・モレ」を防止する――ためには、

①「締める順序」を決めておく

②そして、「順番」を記入する

――などの「順番化・定順化」、また「番号化・ナンバリング」などの方法が有効である――という説明がある。

たしかに、

*「何も決めず」

*「そのつど」

*「無作為に」

*「ランダムに」

*「気まぐれに」

*「異なる順番で」

――「ネジを締める」より、はるかに「締め忘れ」が少なくなる。

すなわち、「作業手順の標準化」や「定順化・定型化」による

*「忘れナイ化・忘れニク化」

*「モレない化・モレにく化」

――という「改善ノウハウ」である。

☆

あるいは、

①最初に「6個のネジ」を用意する

②そして、それから、締結を始める

――という「事前準備」を伴う「作業手順&方法」もある。

すると、たとえ「締め忘れ」ても、スグ気づくので、「忘れ放し」による不良の進行を、そこで「食い止める」ことができる。

すなわち、忘れ・ても

*「スグ、気づく化」

*「スグ、発見できる化」

*「スグ、対処できる化」

――などの「波及防止・影響緩和」、つまり「ても化＝食い止め化」という「改善のノウハウ」もある。

「原理・原則・定石」を「自分の仕事の改善」に応用

ところが、このような「改善法」や「改善ノウハウ＝改善の原理・原則」の解説に対して、

「自分の仕事は、そんな単純なものではない。イロイロな部品があったり、しかも、それらの品種も、頻繁に切り替わるので、大変である」

――という声が出てくる。

そして、

「このような単純な事例では役に立たない。自分の仕事に、そのまま使えるような方法を教えて欲しい」

――という要望が出てくる。

だが、「原理・原則」や「定石」は、きわめて「簡単・単純・簡素」なものである。そうでなければ、イロイロな場面に、対応できナイからだ。

各人の仕事に「そのまま使える」ような「複雑化・細分化された方法」は「他の仕事」や「異なる状況条件」に応

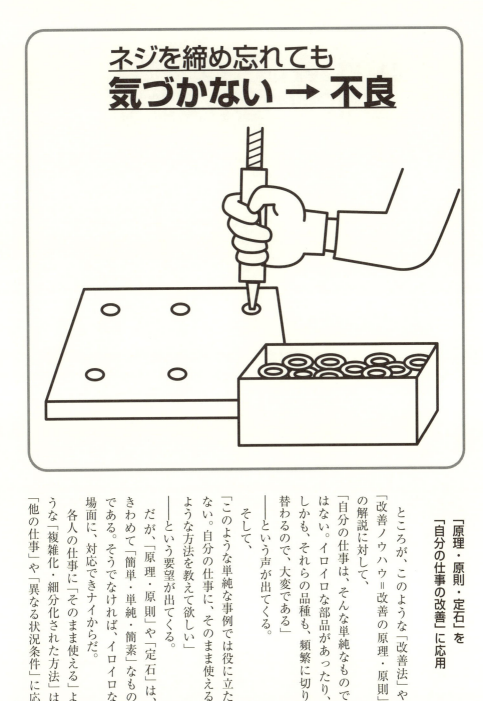

あらかじめ、ネジを6個
ケースに取り出しておく

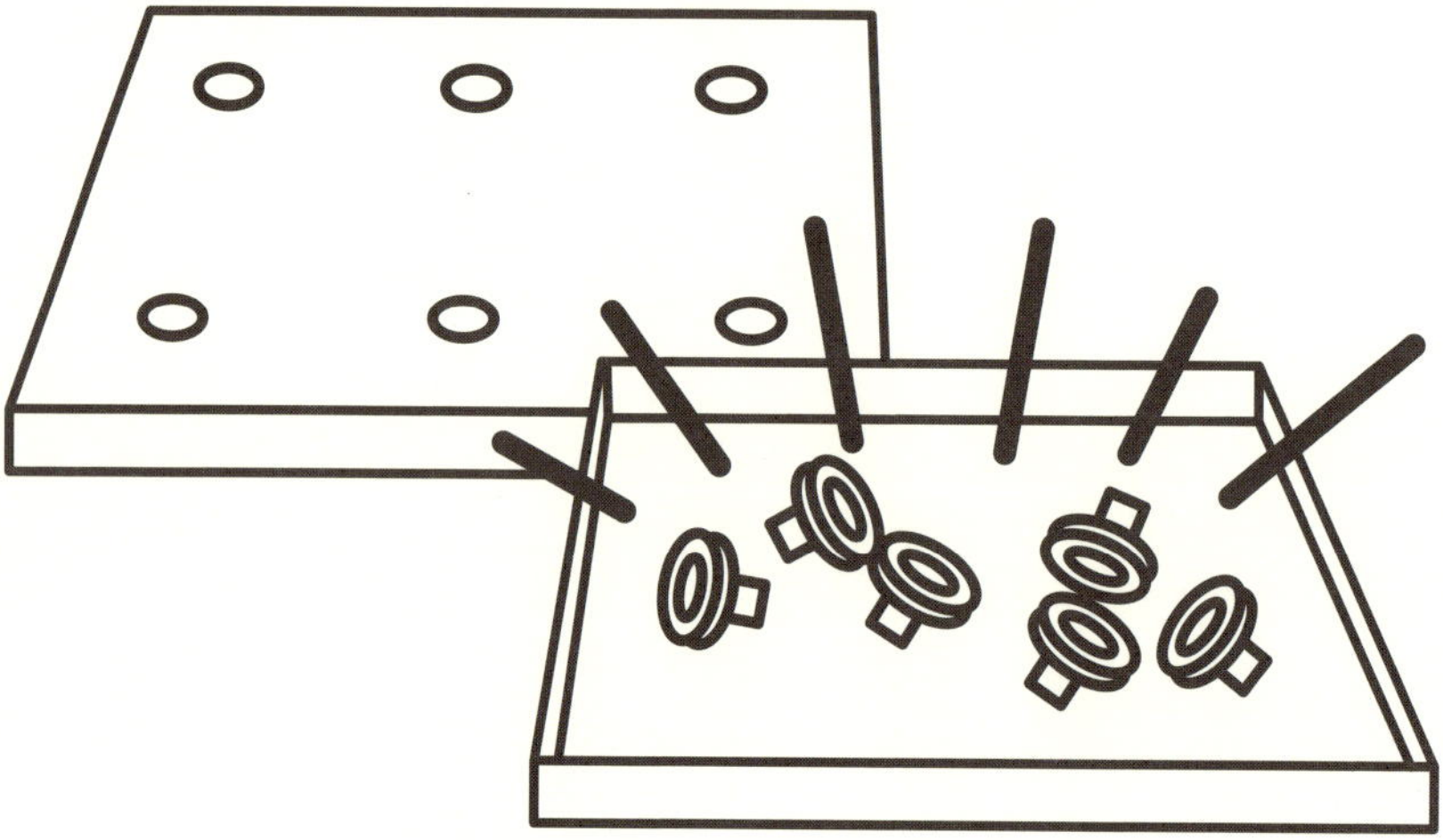

忘れたら、スグわかる・気づく
忘れても、即座に対処できる

用できない。

☆

もちろん、実際の仕事は「6個のネジを締める」ような単純なものではないだろう。

もっと多くの「イロイロな部品」があったり、頻繁に品種が切り替わっていることだろう。

だが、そのような「複雑な仕事」に対しても、

＊「順番化・定順化」
＊「番号化・ナンバリング化」
＊「事前準備→事後発見の容易化」

――などといった「原理・原則」や「改善の定石」は応用できる。

たとえば、頻繁に品種の切り換えがあるなら、「それぞれのパターン」に対応した「パネル」を用意するという方法もある。

また、イロイロな部品があるなら、それらの「事前・セット」において、「モレ・忘れ」を防げる「定型パネル」の工夫ができる。

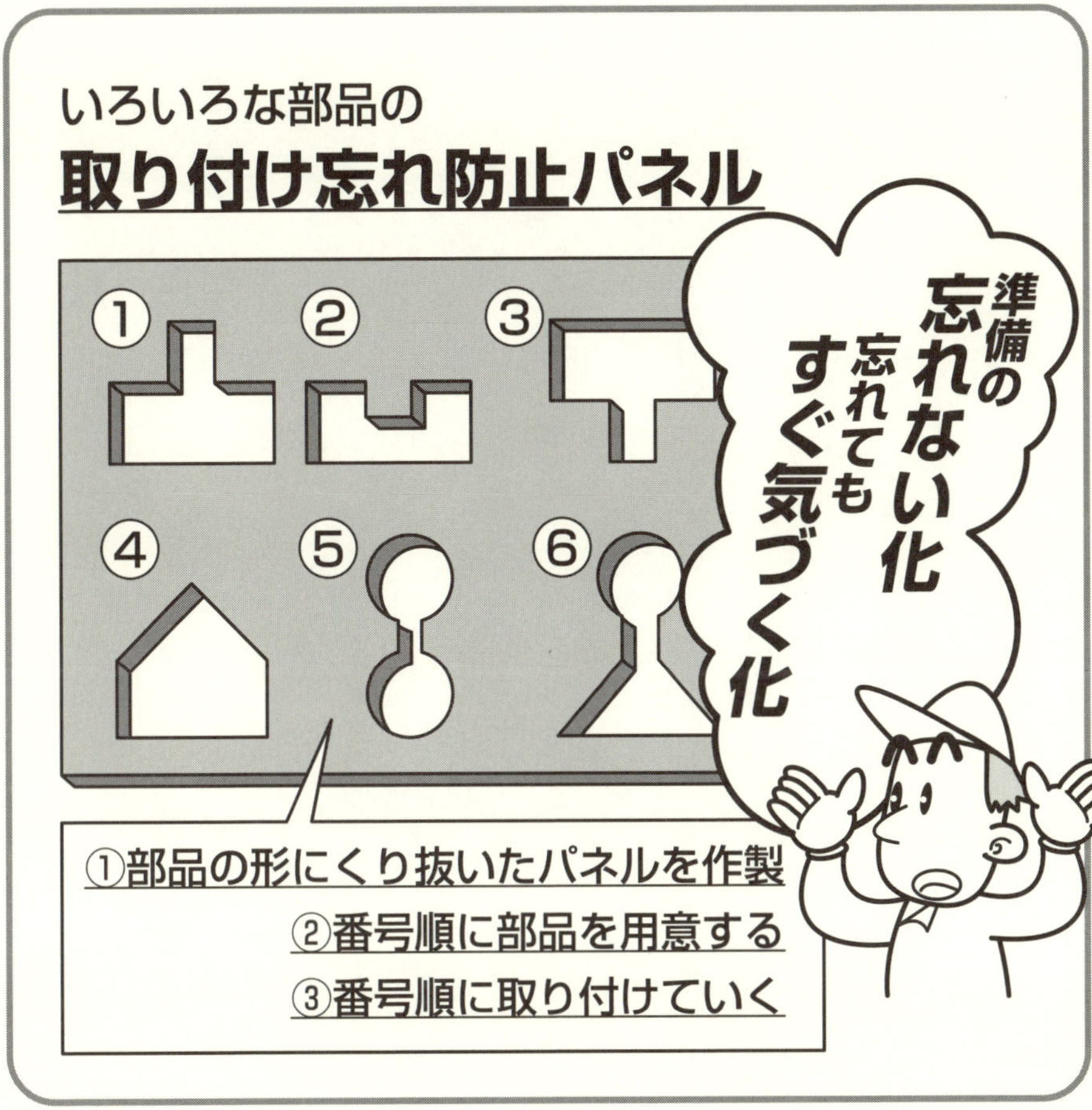

あるいは、「組み付け後」において、「モレ・忘れ」などが、
＊「一目で、わかる化」
＊「スグ、わかる化」
＊「良く、わかる化」
＊「誰でも、わかる化」
――などのための「絵姿化」や「色分け化」などの工夫も可能だ。

また、ネジや部品の組み付けなど「モノを扱う仕事」だけでなく、連絡・報告などといった情報伝達や情報処理など事務的な仕事もある。

だが、「そのような仕事」における「連絡モレ」や「処理モレ」などを「防止するための改善」にも、やはり、同じような「改善ノウハウ」を応用・適用できる。

たとえば、「連絡モレ」を防ぐには事前の「チェック・リスト化」が勧められる。

それは「ネジの締め忘れ防止法」の「事前・準備→事後・発見の容易化」の原理と全く同じである。

また、「事務処理」や「情報処理」においても、やみくもに取り組むのではなく、

①「順序をきめる」（順序化）

②「順番を定める」（定順化）

③「チェック・ポイント化」

――などもモレ防止（モレない化）やモレ難化（モレにく化）に有効であり、実際に活用されている。

このような「簡単な原理・原則」を理解しておけば、それぞれの仕事における特性や状況に合わせて、具体的な方法を工夫できる。

☆

ただし、そのような「個別の工夫」は「その仕事をしている人」が自分で、やらなければ、誰もやってくれない。

なぜなら、「その仕事」の「個別の状況や事情・条件」を知っているのは「その仕事をしている人」だから。

なのに、「自分の仕事」に「そのまま使える方法」を教えてくれなければ、改善できないと言うのは、個人指導の「家庭教師」がいないと、自分ひとりでは勉強できないという「バカな子供」のようなものだ。

もちろん、「会社や職場」において、「家庭教師」とも言うべき「コンサルタント」を雇うこともある。

たしかに、経験が豊かで、腕利きのコンサルタントならば、即座に、その仕事に「そのまま使える方法」を教えてくれるだろう。

だが、それでは「社員の改善力」は育たない。コンサルタントが去ってしまったら、また、元の木阿弥に戻ってしまう。

なぜなら「そのまま使える方法」を懇切丁寧に親切に教えてくれるコンサルタントは、あたかも「そのまま食べられる魚」を与えてくれるようなものであるからだ。

「魚の取り方」、すなわち、「改善の原理・原則」や「考え方」を教えてくれないので、いつまでも「魚」をもらわなければならない。

もちろん、コンサルタントとしては雇主に対して「即座に相当な成果」を誇示しなければならない。

そのため、「魚の取り方」を教えるのではなく、

「こうすれば、いい」

「こうすれば、大丈夫」

「こうすれば、うまくいく」

――といった「そのまま使える方法」、つまり、「魚・そのもの」を与えなければならない――という事情もある。

「大変の断行」には「外人部隊」の活用を

もっとも、「大変なこと」、つまり「大胆な経営改革・革新」をやるには、「外部の優秀なコンサルタント」など「外人部隊」の力を借りなければならない。

なぜなら、「仕事のやり方」を大きく変える場合、社内の抵抗が強くて、「社内の人間・だけ」では、なかなか

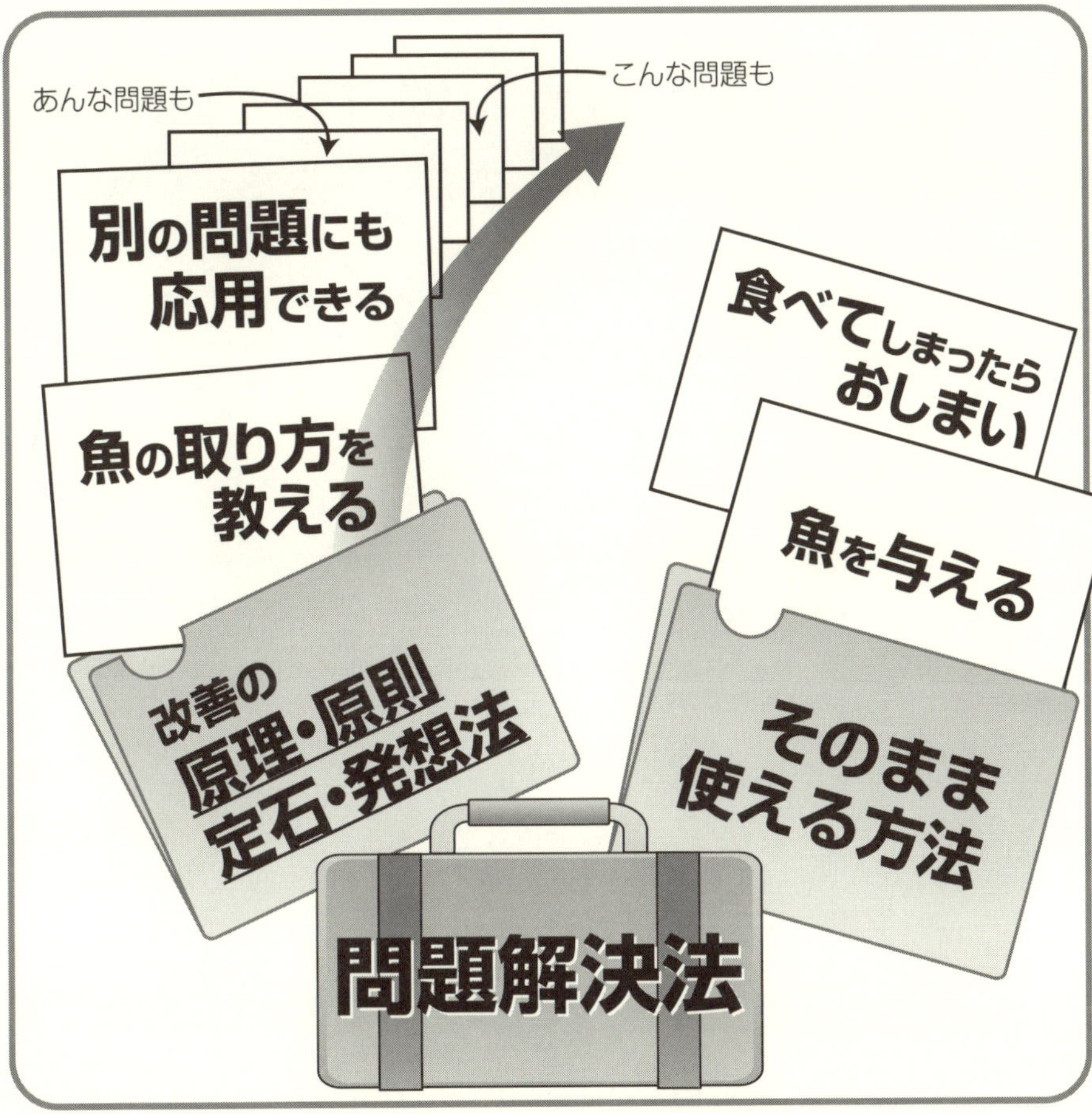

断行できないからだ。

そのことは、長年にわたり低落化し「潰れかけた会社」が自力再建できず、結局は、「再建屋」と言われるような「辣腕・経営者」に頼らなければならなかった——という多くの実例からもわかる。

特に、過去のイキサツやシガラミを断ち切り、「痛みを伴う変革」を強引に断行するには「悪役・嫌われ役」としての「外人部隊」が不可欠だ。

「日常的な小変」は「自分たち」でドロ臭くやる

しかし、「各人の仕事のやり方」を

*「小さく変える」
*「少しずつ変える」

——という「小変＝改善活動」では、コンサルタントなどの「外人部隊」は勧められない。

なぜなら、「各人の仕事の改善」はその仕事をしている「各人が自分で工夫すべき」だから。

もちろん、優秀なコンサルタントの指導に比べると「社員によるスッタ・モンダの改善」は、まどろっこしく、非・効率的だろう。

しかし、とりあえず、やってみて、

「やってダメなら、また改善」

「それでダメなら、また改善」

――などといった「ドロ臭い改善」の「積み重ね」の「繰り返し」を通じて、「社員の改善意欲」と「改善能力」が鍛えられていく。

☆

もっとも、「改善活動」の導入期や初期段階では、外部コンサルタントの指導を仰ぐのも結構だ。

だが、その場合、けっして「そのまま使える方法」を求めてはならない。それは「魚・そのもの」を求めるようなものである。

社員の「改善意欲&能力の開発」を望むならば、「改善の原理・原則」を教えながら「各人の仕事のやり方」への応用は、「各人が工夫する」ような指導を依頼すべき。

もちろん、「改善の原理・原則」を誰もが、最初から、即座に、「自分の仕事の改善」に応用できる――というわけではない。

それゆえ、「改善の原理・原則」の応用事例として、いくつか「具体的な改善方法」の提供も必要だ。

だが、それらは、あくまでも「応用事例の見本・サンプル」としての例示であり、けっして、「そのまま使える方法」の提示ではない。

☆

日本HR協会の「改善テキスト」や「創意とくふう」誌なども、この方針に基づいている。つまり、

①「改善の原理・原則・定石」の解説

②「それらの応用・改善事例」の紹介

――などの「組み合わせ」にて構成している。

もちろん、「具体的な改善事例」も多数、紹介してはいるが、それらは、けっして、「そのまま使える事例」としての紹介ではない。

あくまでも、「改善原理・原則」の「応用サンプル」としての提示である。それらを基に「各人の仕事の改善」に応用するのは「各人の工夫」に、ゆだねられている。

たとえ、「同じような仕事」でも、「条件・状況」は、それぞれ異なっている。それゆえ「それぞれの状況」に合致した工夫は「その仕事をしているその人」が、しなければ、誰もやってくれない。

たまに「そのまま使える改善事例」もある。だが、それらを「そのまま使う・だけ」では、進歩がない。

「改善活動の初期段階」においては、「他社・他職場・他人の改善事例」の「マネ・パクリ」が勧められる。

しかし、「マネっ放し」に安住する必要はない。その次には、

＊マネて

＊パクッて

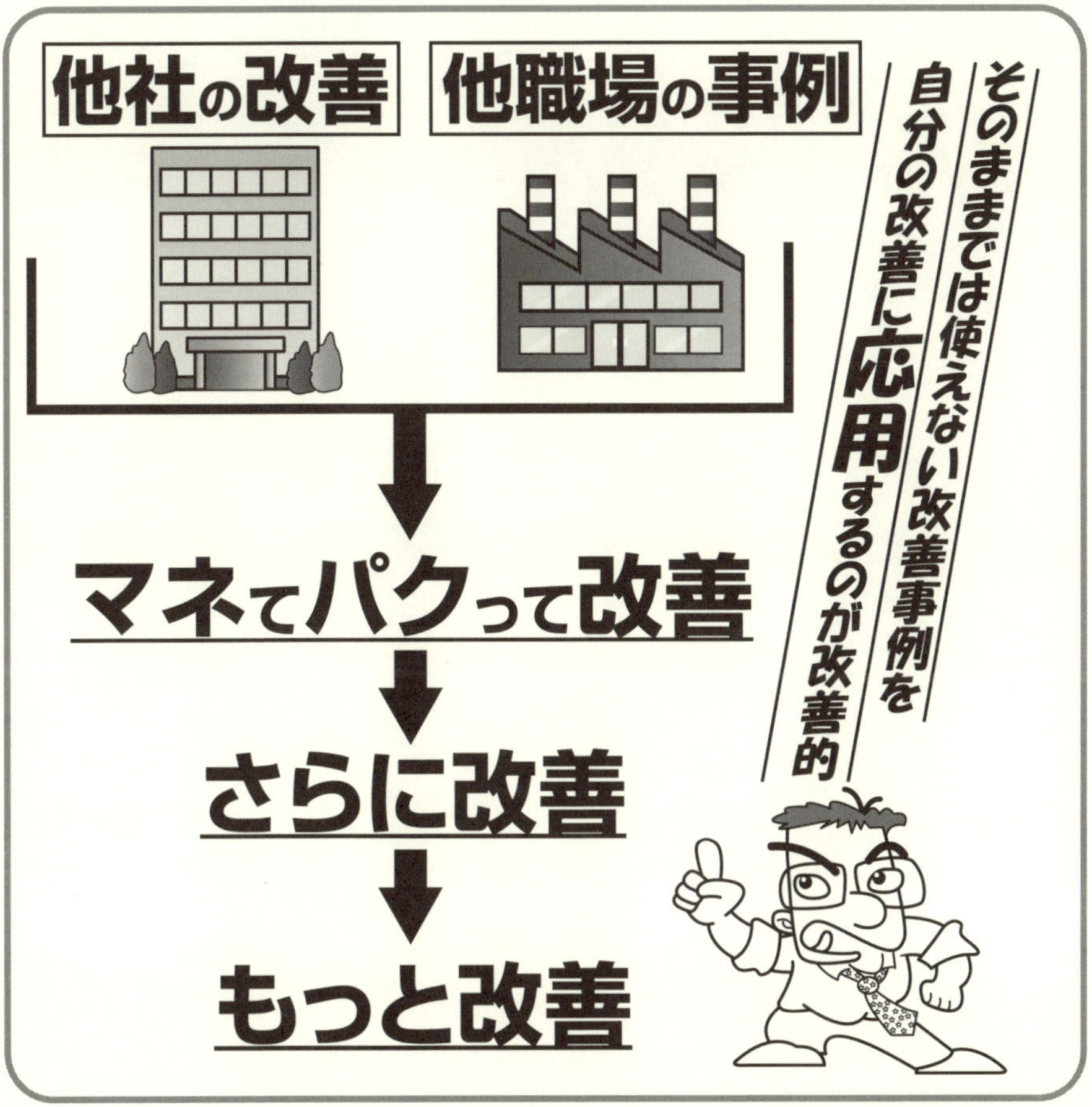

＊さらに改善
＊もっと改善
——という「改善の進化・発展」が勧められる。それが「改善的なマネ・パクリ」である。

それには「そのまま使える事例」を求めるのではなく、むしろ、逆転発想で「そのままでは使えナイ事例」から、「改善の原理・原則・定石」の読み取りが勧められる。

このような「思考&発想」ならば、「簡単な事例」に対して「そのままでは使えない」と言って「思考停止」に陥ることはない。

そして、「これらの考え方や原理・原則」等を「自分の仕事に、応用する・には、どうすればいいか」——という発想につながっていく。

つまり、「事例・そのもの」をマネるのではなく、「改善事例」に含まれている「改善の原理・原則・定石」をマネるべきである。

第7章

「簡単な改善事例」で
「手っとり早い改善実施ノウハウ」の
「核心」を「実感→理解→納得→習得」

「簡単な改善事例」の紹介

～改善の専門誌「創意とくふう」から～

①資生堂

②ロート製薬

③ノーリツ

④アース製薬

⑤トヨタ自動車

「簡単な改善事例」で「手っとり早い改善実施ノウハウ」の「核心」を「実感→理解→納得→習得」

「1〜6章」では、「手っとり早い改善実施ノウハウ」を「簡単な事例」を基に解説してきた。

だが、改善実施は「理論・だけ」でデキるものではない。理論に加えて、「具体的な事例」との「組み合わせ」が必要だ。

よって、「7章」では、イロイロな企業で、実施されている「簡単な改善事例」のいくつかを紹介する。

☆

改善の専門誌「創意とくふう」では、毎月、「具体的な改善事例」を紹介しているが、これらは「掲載記事」からの引用である。

もちろん、「改善の専門誌」ゆえに、「改善事例・だけ」ではなく、各社の

①改善の「しくみ」(制度・規定)
②改善の「しかけ」(推進・指導)
③改善の「しそう」(思考・発想)

——など、「改善に関するすべて」をレポートしている。

本書では、「簡単な事例・のみ」をとりあえず、紹介するが、「しくみ・しかけ・しそう」に関しては、追って、続編にて、それらの「関連記事」などたっぷり紹介する予定。

☆

「改善事例」の掲載記事から、ランダムに、選択したものゆえ、けっして、「体系的・系統的な改善・事例教材」の紹介ではない。

ただ単に、次の「3種類の改善」を「部分的・断片的」にカバーしているに過ぎない。

①「仕事のやり方・方法」の改善
②「道具・工具・治具」による改善
③「機械・設備・システム」の改善

よって、これらの「改善事例」を、

ただ単に「眺める・だけ」では、何も学ぶことはできない。

しかし、「改善実施の順序」という観点から、これらの事例を比較・研究してみると、「手っとり早い改善実施ノウハウ」の「核心」が見えてくるだろう。

マズ、「小袈裟」から、そして「大袈裟な改善」へ

「改善の実施」には「順序」というものがある。それは
①「仕事のやり方・方法」の改善
②「道具・工具・治具」による改善
③「機械・設備・システム」の改善
――である。

その順序を誤ると「大袈裟なこと」になり、「多大なムダ」が発生する。

たとえば、「改善のヘタな人々」は問題に直面すると、何も考えず、何も工夫せず、スグ、

「ロボット化するといい」

「機械化すれば、簡単だ」

「自動化すれば、問題解決だ」

「外注化すれば、安くできる」

――などと言う。

だが、そのような大掛かりなことは多大な「カネや時間」がかかる。また、稟議や手続きなど、イロイロな手間もかかる。

しかし、多くの場合、ちょっとした「道具・工具・治具」など「補助具」の活用で、大掛かりの設備や機械など不要になることもある。

さらに、「仕事のやり方」を工夫すれば、それら「道具・工具・治具」も不要となる。

「ちょっとした工夫」で「大掛かりな対策」を不要化

たとえば、ある工場で、何でも天井クレーンで移動させていたので、ムダな「待ち時間」が発生してた。

そこで「クレーンを増設してくれ」という「要望提案」がなされ、検討が進められていた。

ところが、ある人が「それほど重くないもの」はクレーンでなく、台車やカートのほうが、手っとり早く運べるのでは――と指摘した。

実際に、やってみると、たしかに、そのとおりである。わざわざクレーンで吊り上げなくても、「台車」ならば簡単に、手軽に運べる。

また、大掛かりなクレーンよりも、格段に「安価な台車」ならば、必要に応じて、追加購入も可能ゆえ、さらに機動力の向上を図れる。

だが、話はそれで終わりではない。

ある日、別の人が
「作業の手順や配置などを変えれば、重たいものを、ワザワザ次工程に移動させせなくてもいいのでは」

――と言い出した。

試しにやってみると、まさに、そのとおり。移動させなくても、ちゃんとデキることがわかった。

そのおかげで「台車の購入」は不要となった。まして、「クレーン増設」というカネのかかる大掛かりなことは「まったく不要だった」ことは、言うまでもない。

ところが、この場合、最初に「クレーンの増設」という「大掛かりなこと」をやってしまうと、どうなるだろうか。

後日、

◎「台車やカートを使う」

◎「配置を変えて、移動を不要化」

——など「より簡単な方法」に改善された瞬間、「多大なカネ」をかけて増設したクレーンは、まったくの「無用の長物」となってしまう。

もちろん、すべての仕事が

「①やり方・方法の改善」

——で、うまくいくわけではない。

その場合には、「次善の策」として

「②道具・工具・治具による改善」

——、すなわち「補助具活用」という改善をすればいい。

そして、それでもダメなら「最後の手段」として、

「③機械・設備・システムの改善」

——などという「大掛かりな対策」も必要だろう。

だが、それはあくまでも「最終策」である。けっして最初から「大袈裟なこと」をやってはならない。

なぜなら、「マズイ方法」のままで「自動化・機械化・ロボット化」すると、まさに「マズイやり方の自動化・高速化——」となるからだ。

ヘタをすると「不良やトラブル」の「大量・高速・自動・製造装置」となってしまう。

また、外注化でも「マズイ方法」をそのまま「丸投げ・外注する」のと、「より良い方法」に改善して、その後、外注するのでは、「品質・コスト」など「大きな違い」となる。

とりわけ、「手間賃」を稼いでいる「外注者」は、「余計な手間」をかけ「より多くの手間賃」を歓迎するので、けっして、「ムダな手間を減らす」という改善はやってくれない。

「他社・他職場」の

「改善事例」の活用&応用法

「第7章」では、「5社＝24件」の「簡単な改善事例」を紹介しているが、そのままでは、「自分の仕事の改善」には、あまり役に立たない。

これらを「自分の仕事の改善」への「ヒント・参考——」として、活用&応用するには、「自社の改善」と「他社の事例」との「組み合わせ」が勧められる。

たとえ、「仕事の内容」は、それぞれ異なっても、改善には「定石・発想」など共通点がある。

これらと「同じような定石・発想」の「自社の改善事例」を選び、そして、「他社事例」と「自社事例」を組み合わせる。

すると、「定石&発想の串刺し」による「共通・事例・教材」ができあがる。

手っとり早い改善実施ノウハウ

大袈裟→

小袈裟化

大袈裟＝大掛かり＝ムダの元凶

カネがかかる＆時間がかかる

小袈裟化するには

①最初に

仕事のやり方の改善

②次に

道具・工具・治具の改善

③最後に

機械・設備・システムの改善

改善事例 1

資生堂の改善事例

穴の補強をヤメて、ムダ取り

ヤメルに勝るカイゼンなし！

化粧品の外箱、レーベルなどが新しくなると、納入された実物と『標準見本』を見比べて、印刷や組立てに間違いがないかをチェックしている。

改善前

化粧品の外箱、レーベルなどの『標準見本』シートは、パンチで穴を開け、ファイルに綴じていた。そのつど、穴の回りに補強シールを貼っていた。

改善後

『標準見本』は1ヶ月に200枚ほど届く。「穴の補強」は本当に必要だろうか？

標準見本を使うのは、納入初回のみ。ならば、そんなに傷むことはないのでは？

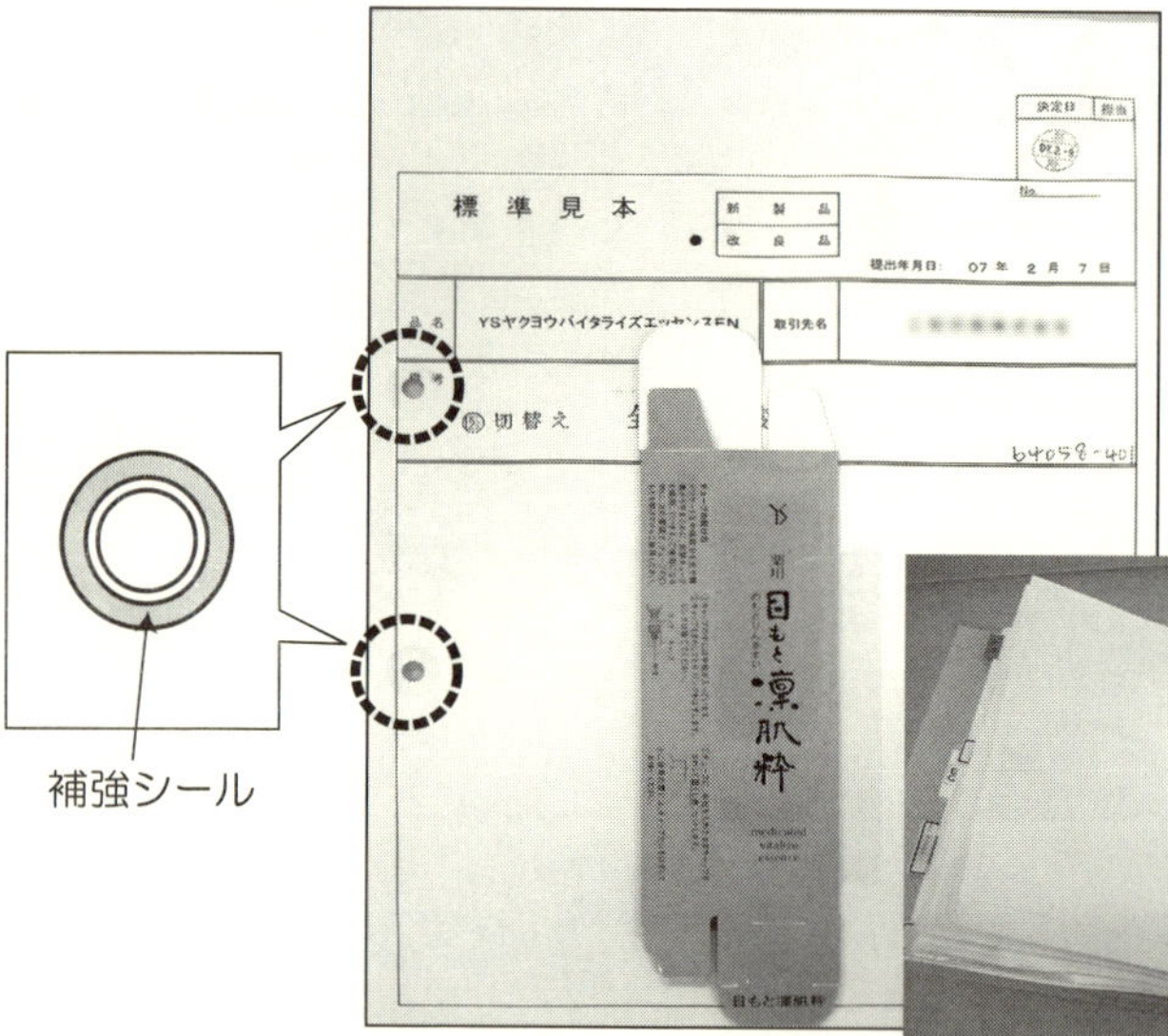

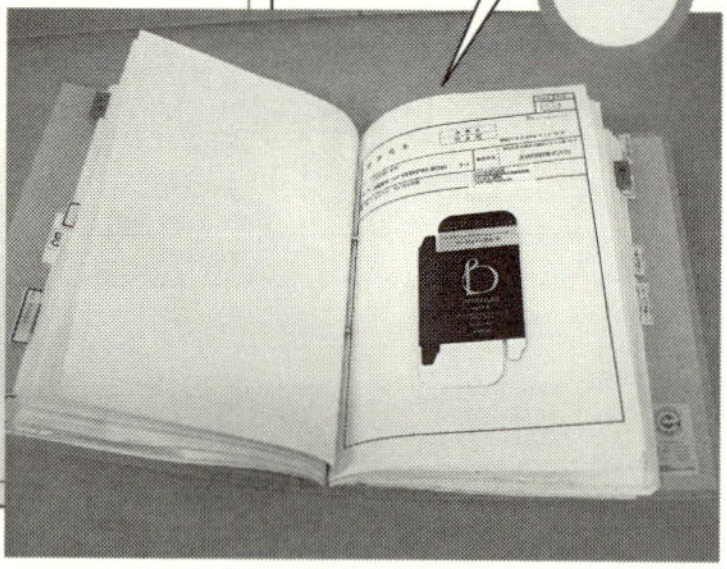

そこでシールを貼るのをヤメました！

さらに一歩進めて、「穴あけ」もヤメました！
クリアファイルに差し込んで保管することにしたら、穴あけしなくてOK。
どんどん進化させて、仕事の負担を軽くしないと！

改善事例2

やりニクイに着目!

動作のムダ取りでラクチン化

改善前

中味の液が充填された容器がコンベア上を流れてくる。1つひとつ手で取り上げ、栓を載せ、仮締めしていた。

容器も軽く、間隔も狭いため、ちょっと手が触れるだけで、倒れてしまう。注意しながらの作業がとても大変だった。

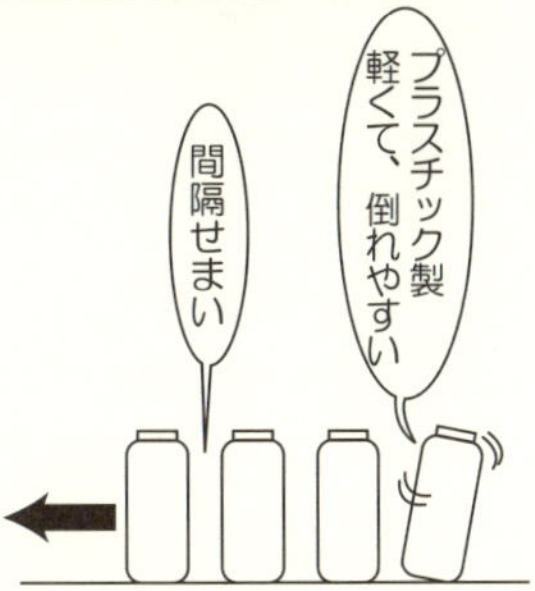

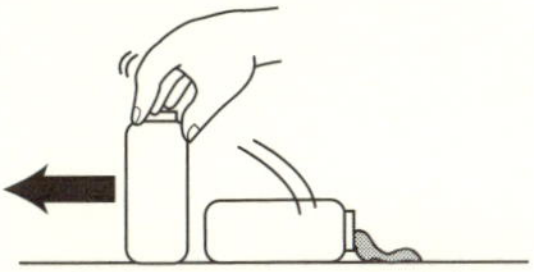

改善後

次のような手順に変えた。

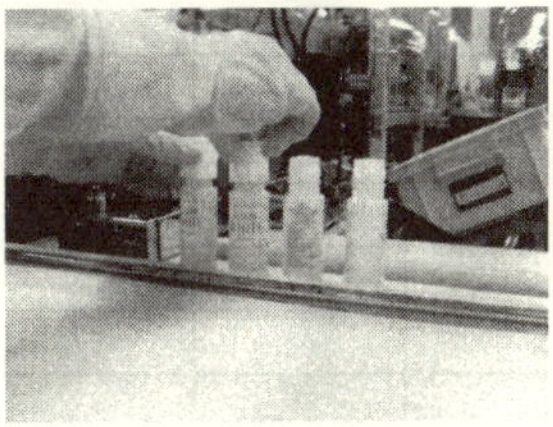

①流れてきた容器に栓を載せる。

②左手で２本、同時に取り上げる。

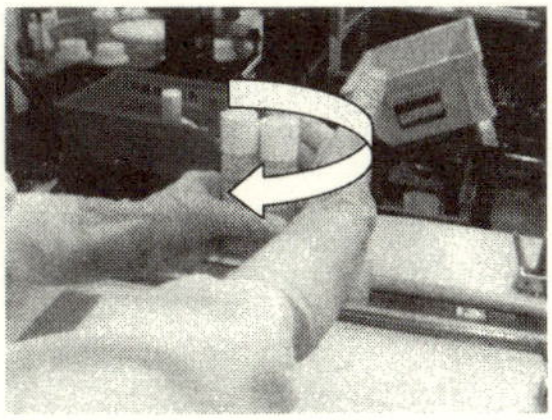

③右手を栓の向こう側に当て、後ろからクルっと２本の栓を回す。

これで、仮締めOK とってもラクチン!

容器が倒れると、ラインの復旧に時間がかかり、余分な仕事が発生。
でも、これなら大丈夫。応援の人にもわかるように、手順カードを作成。大好評です!

事務・管理しごとでもカイゼンがいっぱい！

改善事例3

時短化は、ハンコ一体化から

改善前

製品の委託先から『製造日報』の原本コピー（正本）が送られてくる。データ入力後、3種類のハンコを捺していた。

・黒インク→【登録番号・機密保持期間】
・赤インク→【秘】【正本】

毎日、多いときで50枚ほど。
とても時間がかかっていた。

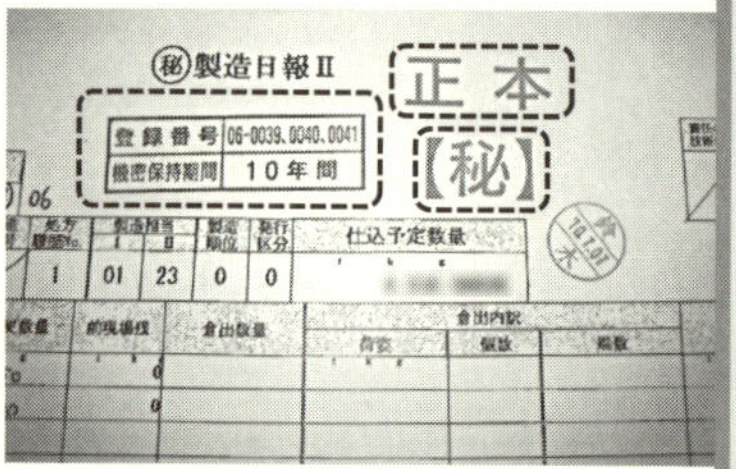

改善後

【秘】【正本】のハンコを一体化し、一度に2種類捺せるようにした。

単純作業に取られる時間をいかに削減するかを考えました！

改善事例4

管理のポジティブ化は、この方法で

改善前

残業削減は年度計画の重点実施項目だが、『時間外勤務届出書』の実績から年度の達成可否を確認するだけだった。

改善後

あらかじめ、毎月の残業上限時間を設定し、各人の届出書に明記した。

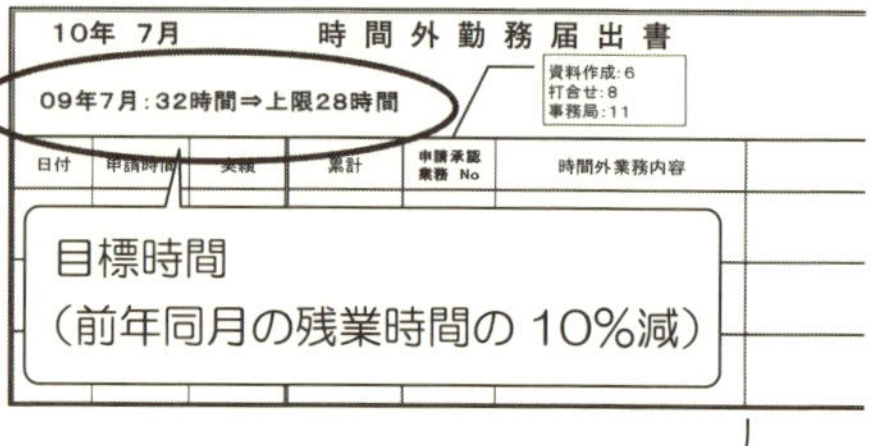

各人が毎月、目標時間を見ながら進捗管理できるようになり、前年比35%減を達成！

「伝えたいこと」は「表示」するのがいちばん！

改善事例5

「保育バッジ」に仕事をさせる

改善前

保育時間取得者※が違う職場に応援に行く場合、ラインリーダーに「保育で○時に帰ります」と伝えているが、その時間にリーダーが不在だったり、忙しいと、帰りづらかった。

改善後

右のような『保育バッジ』を作り、応援に行くときは胸に付けた。ひと目で「保育」と分かるようになり、帰りやすくなった。

※勤務時間短縮制度、勤務時間帯を柔軟にする制度。
小学校未就学の子を養育する従業員の希望により
1日2時間まで取得可。

バッジを見て、周囲の人が気にかけてくれるようになりました。
『妊婦バッジ』がアイデアのもと。
同じフロアの人にも展開！

改善事例6

案内表示に仕事をさせる

改善前

グループごとに毎週、昼礼を行っている。次は『いつ・どこ』で行うのか伝えているが、忘れてしまったり、いない人に伝わらない。

改善後

昼礼案内板を作り、表示した。全員に伝わるようになった。

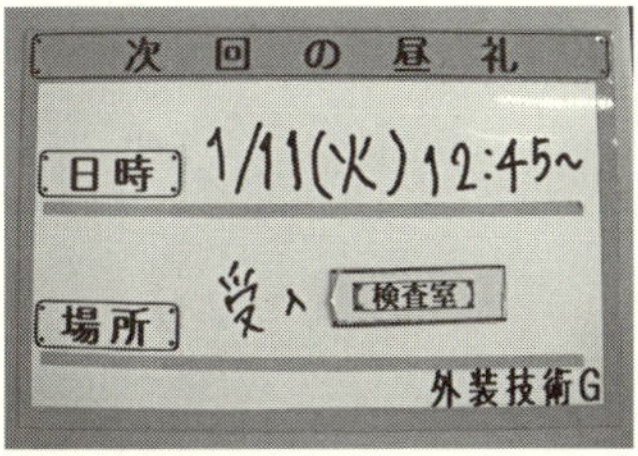

ロート製薬の改善事例

小さなことからコツコツと！
職場にあるものを転用したり、
機材の動きを応用したり。

改善事例 1 ガッチリ場所を決めるなら描くより「凸凹」！

改善前

台車の置き場所を決め、区画線を床に描いているが、
どうしてもずれてしまう。

改善後

配線作業で使用する
※モールで車輪止めを作成。
凸ができて、区画線から
ずれることがなくなった。

※モール：断線やひっかかりからケーブルを保護するためのカバー

改善事例 2

動きに応じて見えルンです

改善前

装置を使用時、使用者名と日付、「使用中」である旨を札に書いてもらっていた。しかし、その都度「使用中」と書くのが面倒くさいと、なかなか定着しなかった。

改善後

装置のガラス戸の動きに着目。
使用中はガラス戸を上げるが、未使用のときは閉じる。
ガラス戸が上がれば「使用中」、下がれば「未使用」と、
ガラス戸の上下で自動的に表示が出るようにした。
記入事項を必要最小限に抑えることで手間が省け、
記入定着にもつながった。

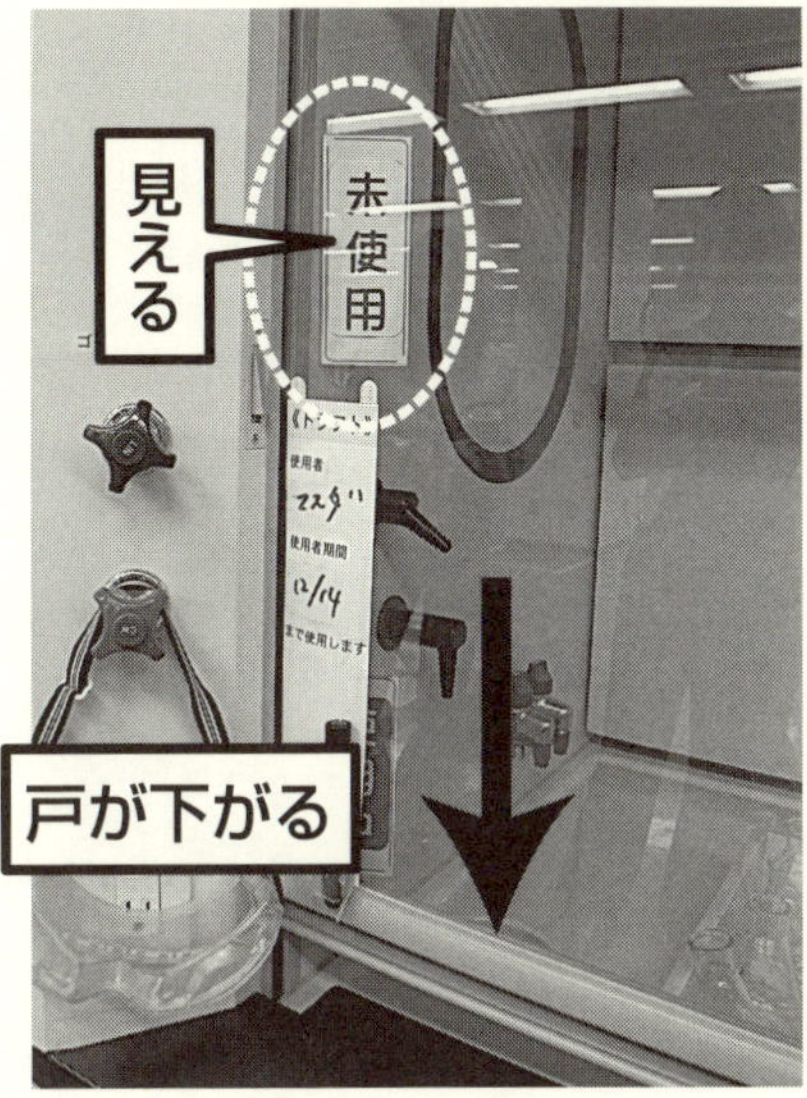

じっと見ればムダが見える

問題点を洗い出そうと、半日掛けて
作業状況をビデオ撮影。
「どうしてこんなことしてるんだろ？」
とムダな動きに気づいて改善。

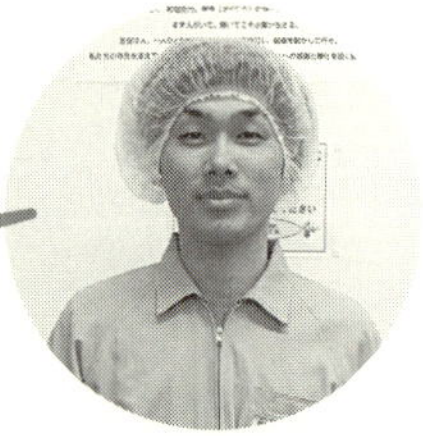

まずはお金を掛けずに改善

改善研修を受講した改善リーダー
ならではの言葉。

改善事例 ③ 必要なものを置く→吊るす

改善前

洗浄済みのクランプやパッキンがトレイ内に無造作に置かれている。使わないものも混じっていて、必要なものを探す時間がかかる。

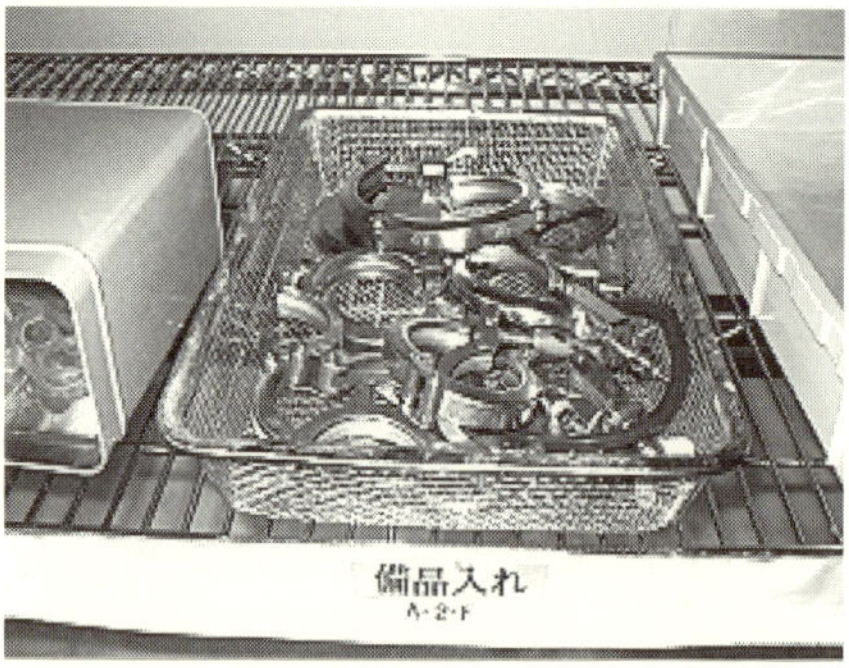

改善後

クランプハンガーを作成し、置場・必要数量を明確にした。必要とするクランプのサイズ・数量が一目で分かるようになった。必要なものがスグに取り出せる。

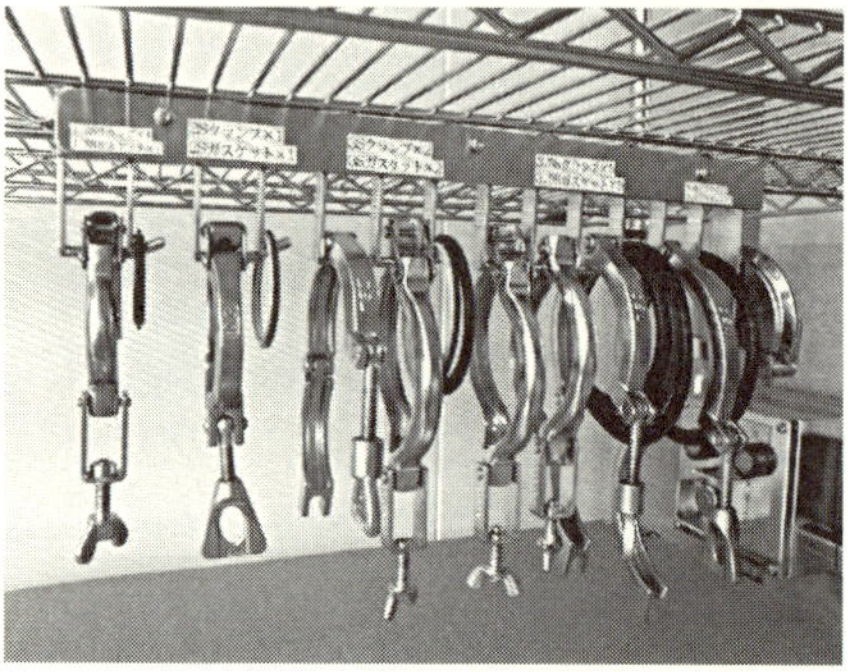

改善事例 4

目薬の箱詰め①／ヨコをタテに

改善前

目薬を箱に詰める作業。
コンベアの上を横並びに流れてくるため、
取り上げられる個数が限られている。

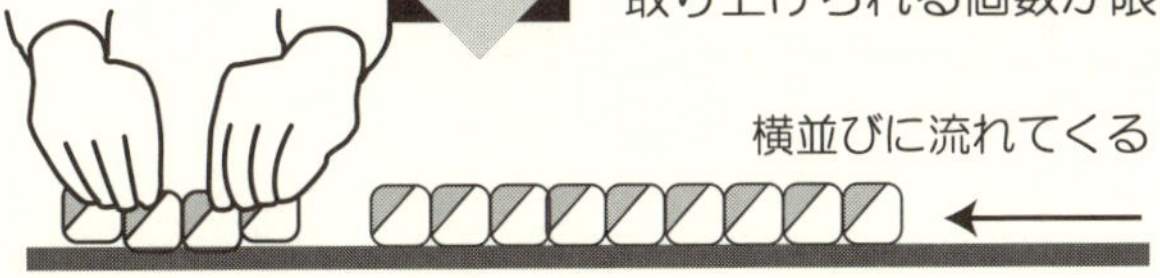

改善後

目薬を90度回転させる装置を製作。
「ヨコ→タテ」に流れを変えた。
たくさん取り上げられるようになった。

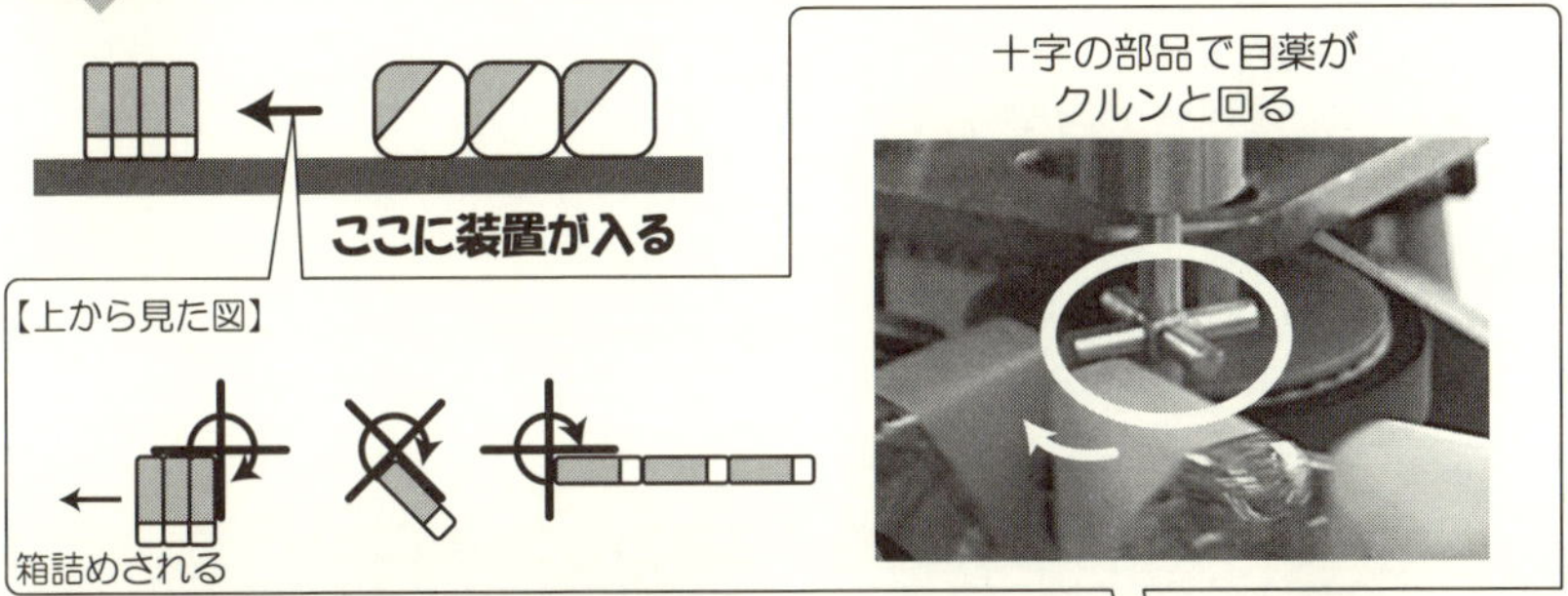

十字の部品で目薬が
クルンと回る

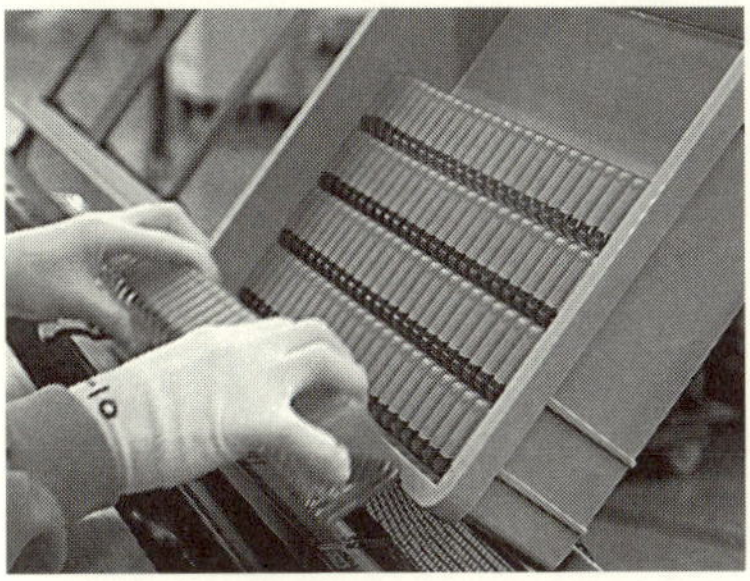

たくさん取り上げられる

回転扉からヒントを得ました。
目薬は角型・卵型があり、どちらにも
対応するのが難しかったです。試作を
繰り返し、やっと完成しました。

目薬箱詰めカイゼンは続く…

改善事例 5 目薬の箱詰め②／数えずイッキに

改善したけど…

目薬が数個抜けていることがあるため、箱詰め後に一箱ずつ見直し作業が必要だった。

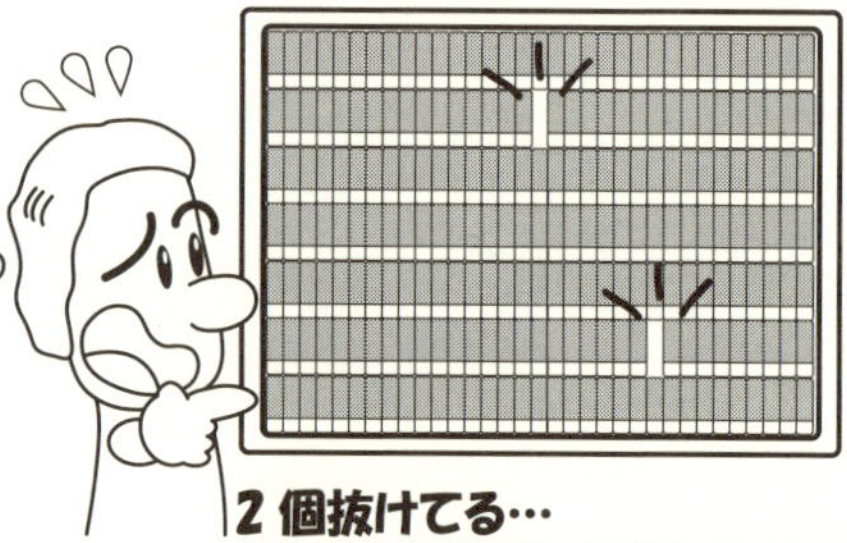
2 個抜けてる…
どうしたら見直し不要になるの？

さらに改善

一度で箱幅一列分の目薬を取り上げられる道具を製作。
過不足無く箱詰め出来るようになり、見直し作業が不要となった。

愛称セレブ棒
ステンレス製の定規のようなもの。ラインに装着されている。

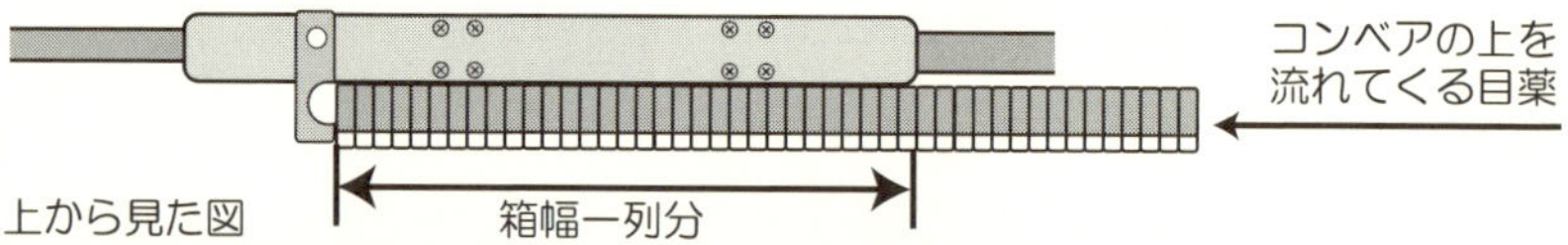

ここからここまで

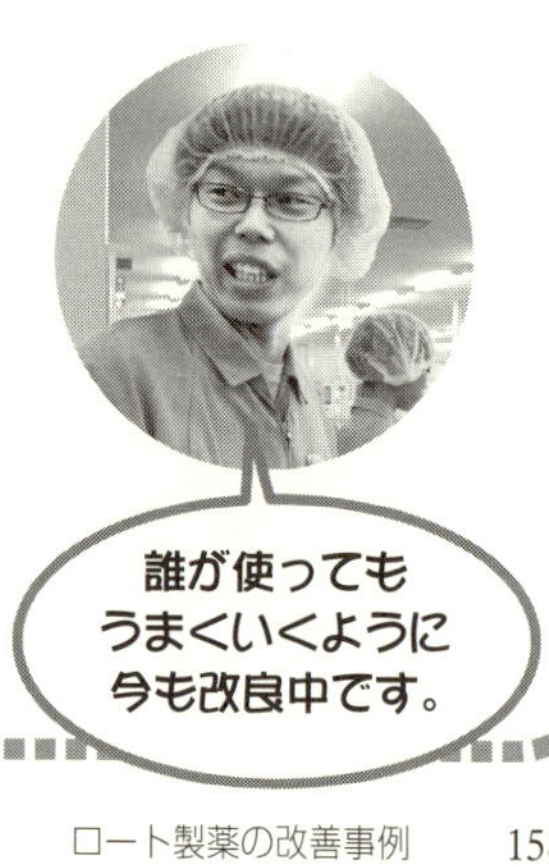

上から見た図

誰が使っても
うまくいくように
今も改良中です。

改善事例 ❻

目薬の箱詰め③／すくい上げて一発OK！

「さらに改善」したけど…

角型はたくさん取り上げられるようになったが、
卵型は丸みを帯びているため、両端から押さえると
容器がはじけ飛ぶので、うまく取り上げられない。

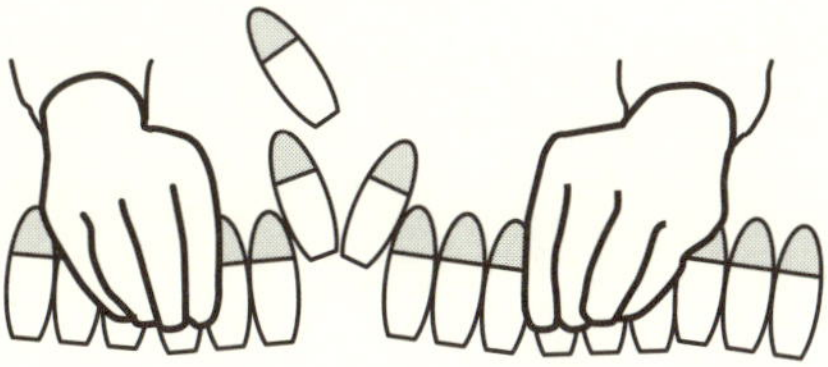

もっと改善

補助具を作った。スコップのように容器をすくい上げる。
角型の道具同様、ひとすくいで箱幅一列分過不足無く箱詰めできる。
もちろん見直し作業は不要。

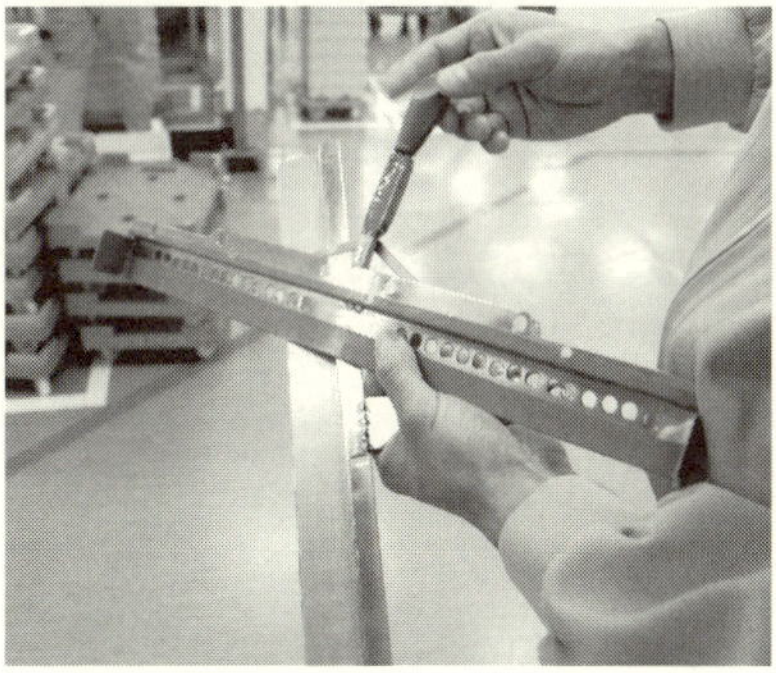

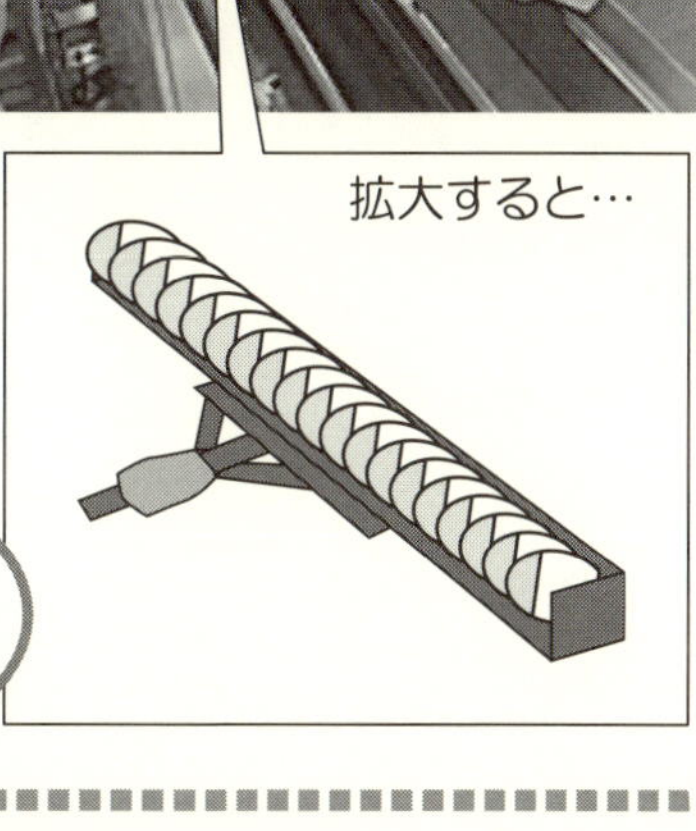

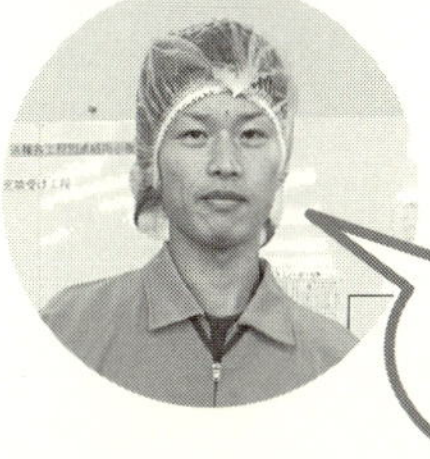
作業者の負担軽減になったことがとてもうれしいです。

ノーリツの改善事例

高さを10センチだけ上げてラクに運搬

1

改善前 重量のある組み立て部品を所定のケースに投入するのに、運搬台車の高さが低いために 10cm 以上持ち上げていた。

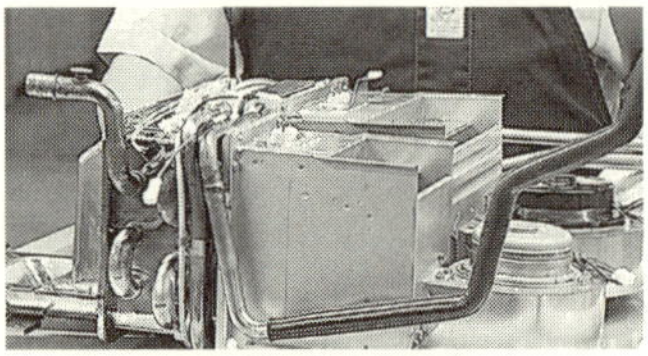

組み立て部品

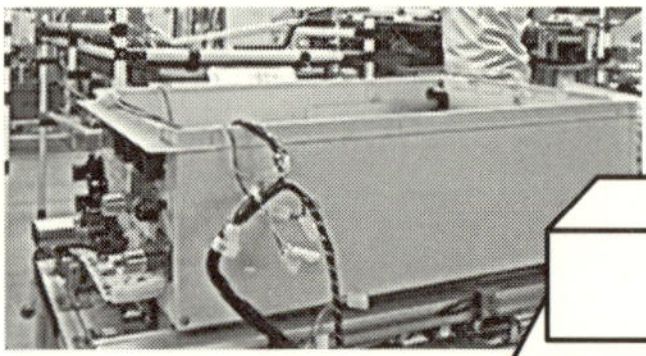

ケース

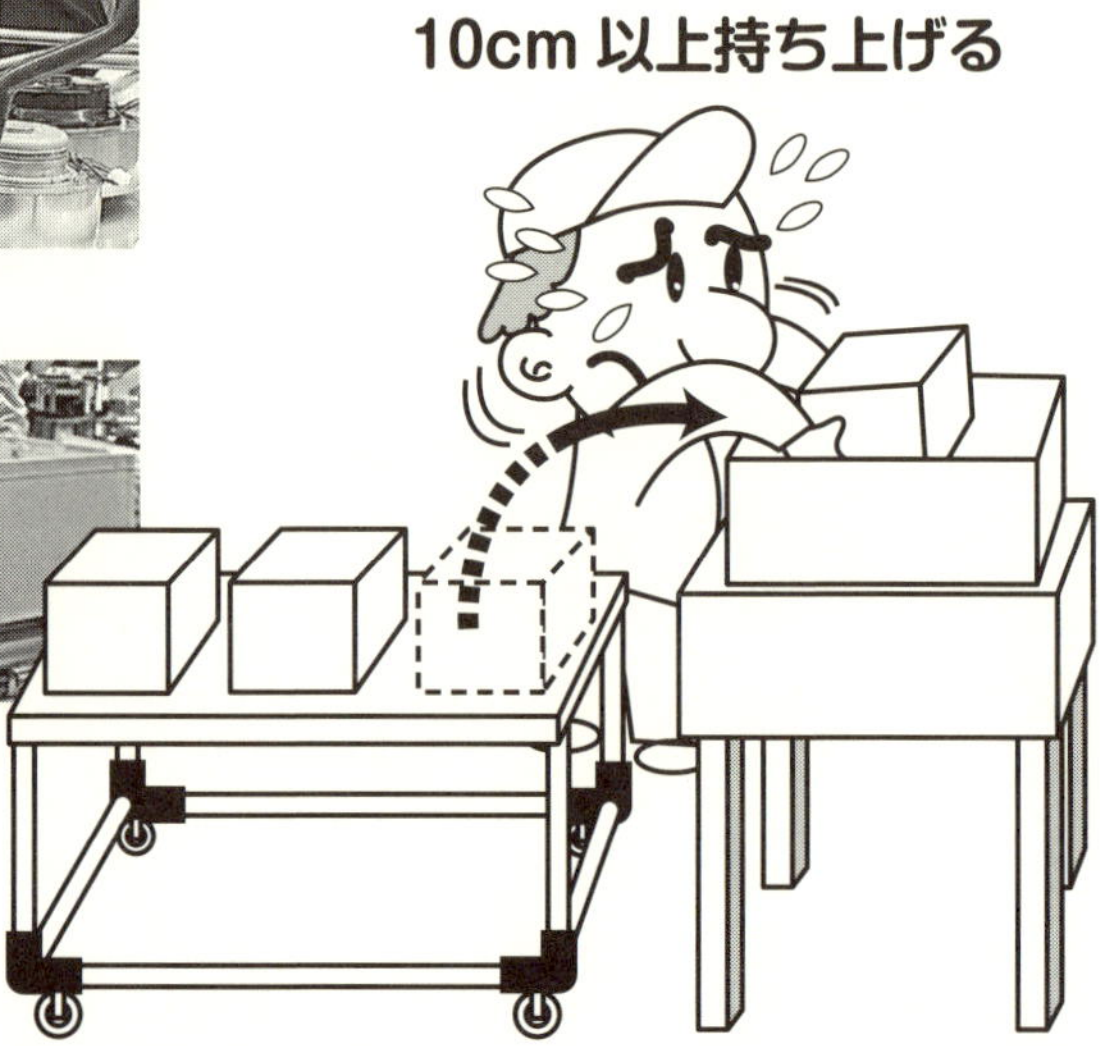

男性でも重労働であり、ケガや事故の発生も懸念され、「たかが 10cm」では済まされなかった。

【改善前】

給湯器の製造工程で、組立部品を所定のケースに投入する作業がある。組み立てた部品は、イレクターパイプで作った専用の運搬台車でケースまで運搬されるが、台車の高さが低いために10センチ以上持ち上げて投入しなくてはいけなかった。

重量物だけに力のある男性でも負担が大きく、ケガや事故が発生することも懸念されていた。

「たかが10センチ」では到底済まされる話ではなかった。

【改善後】

そこで、運搬用の台車を10センチだけ高くした。イレクター製ゆえ「10センチ」という微妙な調整も可能だ。

10センチ上げるだけで、作業は断然ラクになる。さらに、組み立て用台車の高さも運搬用台車に合わせた。組み立てからケース投入まで部品を持ち上げることがなくなり、女性も作業に加われるようになった。

改善後　ケースの高さに合わせて台車を 10cm 上げた。

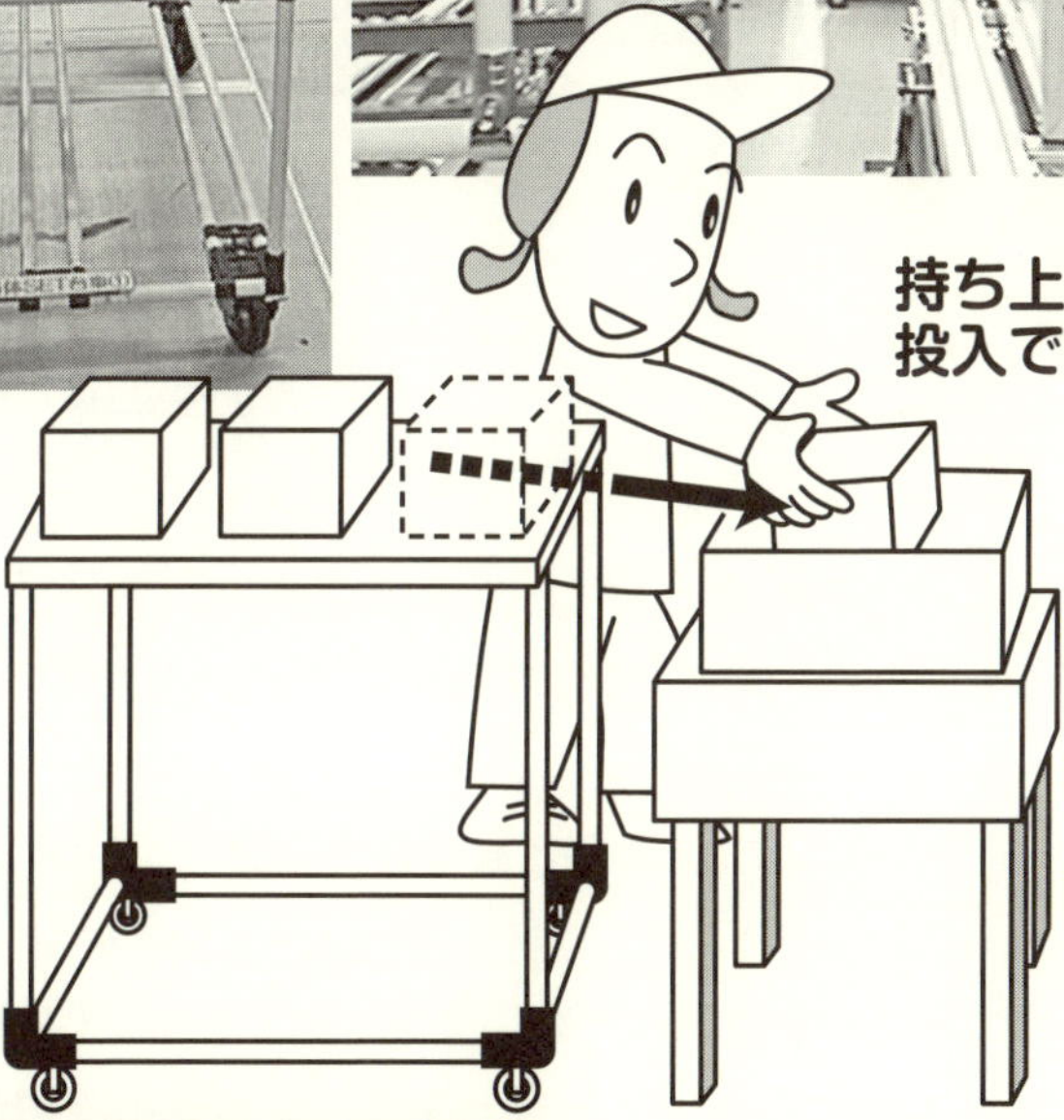
持ち上げずに
投入できる

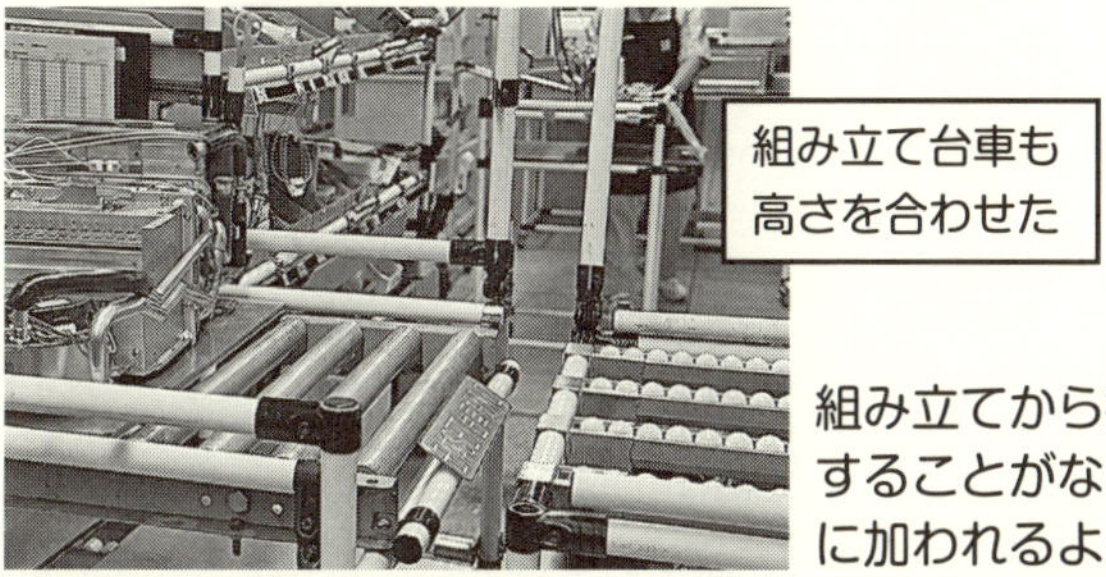

組み立てから投入まで、持ち上げすることがなくなり、女性も作業に加われるようになった。

ツライチ化　持ち上げナイ化

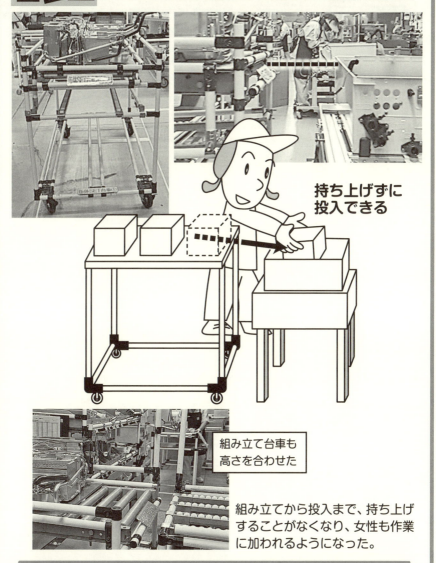

イレクターで持ち上げてラクに補充

2

改善前

タンクの上から材料を補充する際、
一斗缶を肩まで持ち上げていた。

一斗缶の重さで、肩と腰に大きな負担がかかった。
踏み台でバランスを崩して転落する危険性もあった。

【改善前】

金型の材料で、タンクの上面から補充しなくてはいけない材料がある。

踏み台に乗って、容量いっぱいの一斗缶(約18キログラム)を肩口までかついで流し込む。一斗缶を持ち上げることで肩や腰に負担がかかって痛めてしまうだけでなく、踏み台からバランスを崩して落ちる危険性もある。

【改善後】

重い一斗缶をラクに上げるために補助具を作った。最初は、市販の小型リフトにウインチ(巻き揚げ機)を取り付けて一斗缶を吊り上げるという単純なものだが、宙ぶらりんで安定せず危険だった。

今度は、ウインチに加えてイレクターパイプと油圧ジャッキで持ち上げ装置を作った。中間の回転ワクに載せるまではウインチで一斗缶を吊り上げ、そこから注入口までは油圧ジャッキで持ち上げて回転させる。動作が安定し、女性でもラクに作業ができる。

改善1

**市販の小型リフトに
ウインチで吊り上げる装置を取り付けた。**

↓

宙ぶらりんで安定しなかった。

改善2

イレクターとジャッキで持ち上げる装置を加えた。

①ウインチで
回転ワクまで吊り上げる。

②一斗缶を
回転ワクにセットする。

回転ワク

③油圧ジャッキで
注入口まで持ち上げる。

④ワクを回転させて投入。

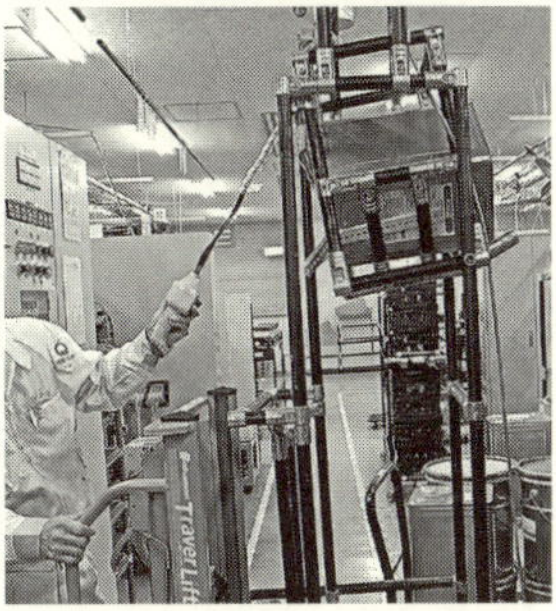

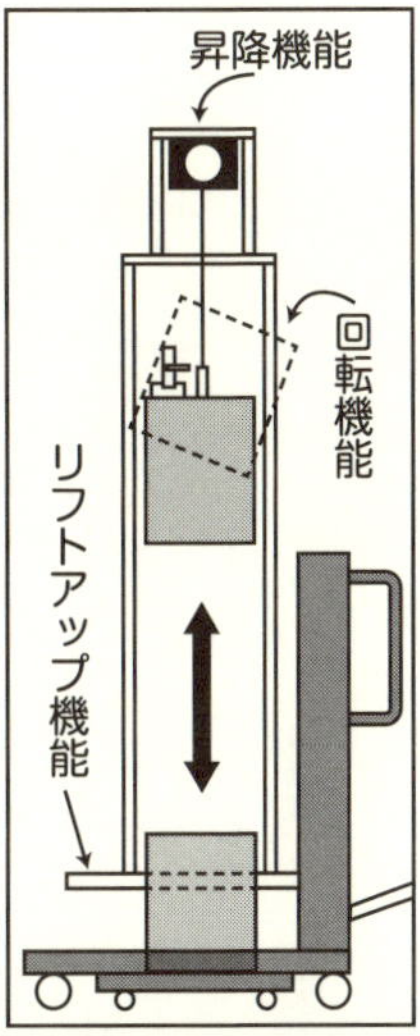

動作が安定し、女性でもラクに補充できる。

吊り上げ化＋持ち上げ化

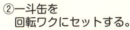

部品箱を傾けてスムーズにピッキング ③

改善前

小さな部品をピッキングする際、部品箱の手前側が見えづらく、部品の残量を手探りで確認していた。

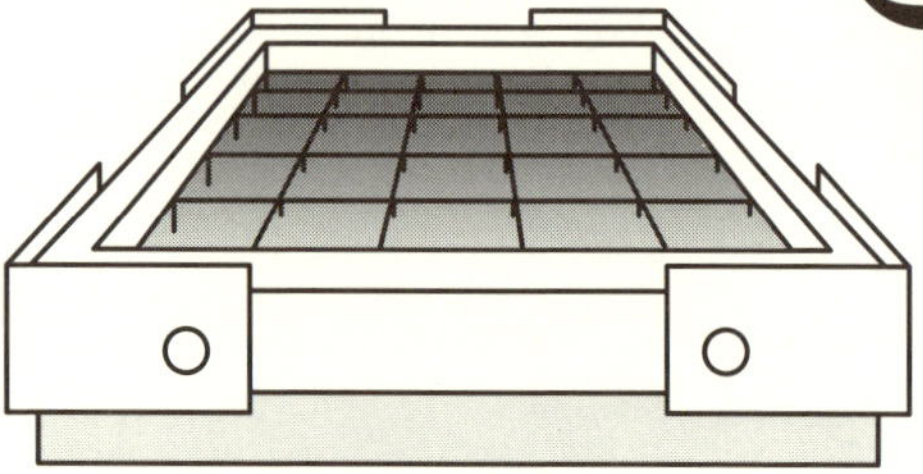

作業の効率化を妨げ、手首を痛めることもあった。

【改善前】

小さな部品のピッキング作業の際、部品箱がフラットな状態で置かれており、手前側が見えなかった。

そのため、部品の残量を確認するのに手探りで行っていた。作業の効率化という観点からもまったくムダな動きであり、かつ手首を痛めてしまう可能性もある。

【改善後】

そこで、素早く残量を確認してスムーズにピッキングできるために考えたのが、部品箱をななめに置くことであった。

方法はいたってカンタン。プラダンで台を作り、その上に部品箱を置くだけだ。さらに、箱がすべり落ちないように、同じくプラダンで作ったストッパーを手前に置いている。

部品箱を傾けるだけで、今まで見えなかった手前側が見えるようになり、ピッキングもスムーズにできるようになった。

改善後 プラスチック段ボール（プラダン）で作った台を箱の下に置いて傾けるようにした。箱が手前に落ちないようにストッパーも作った。

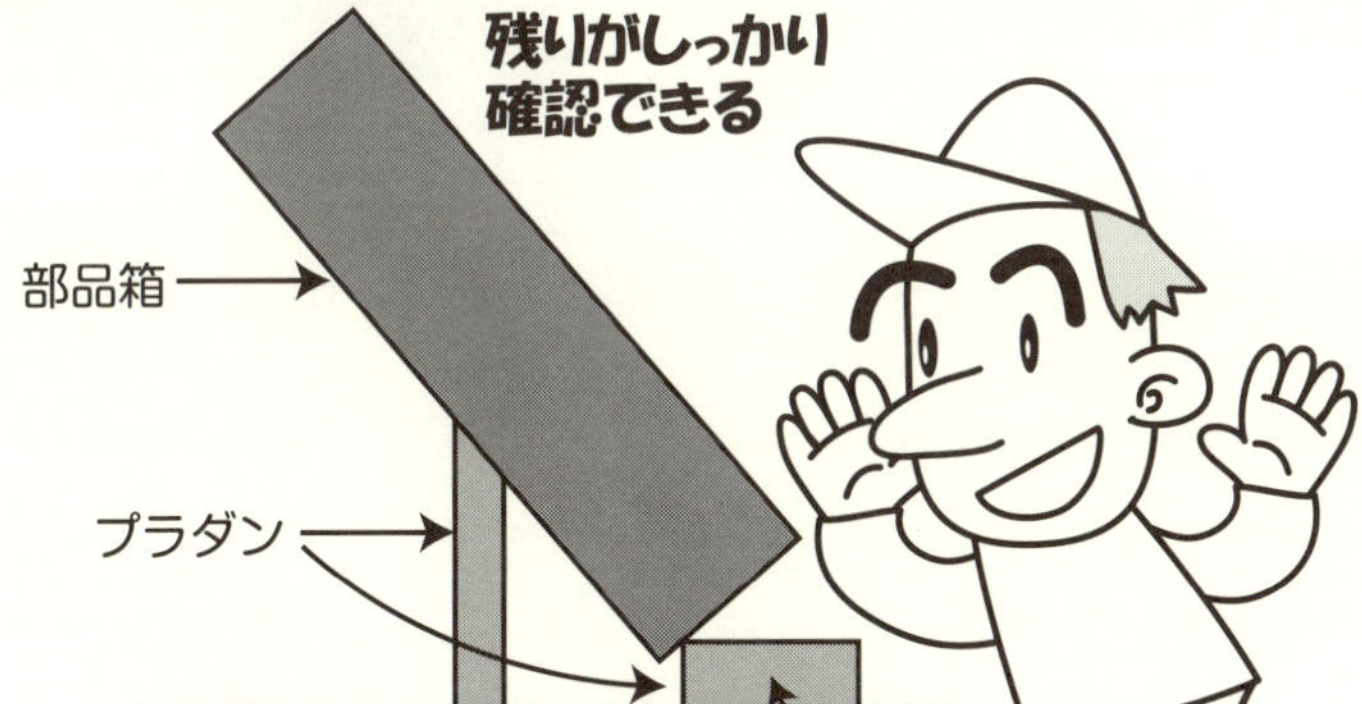

手前側も見えるようになり、
ピッキングがスムーズに出来るようになった。

ななめ化

背もたれでカードを取りやすく

4

改善前　シリアルカードはレシートのようなペラペラの紙。倒れてしまうので、素手でも取りにくい。

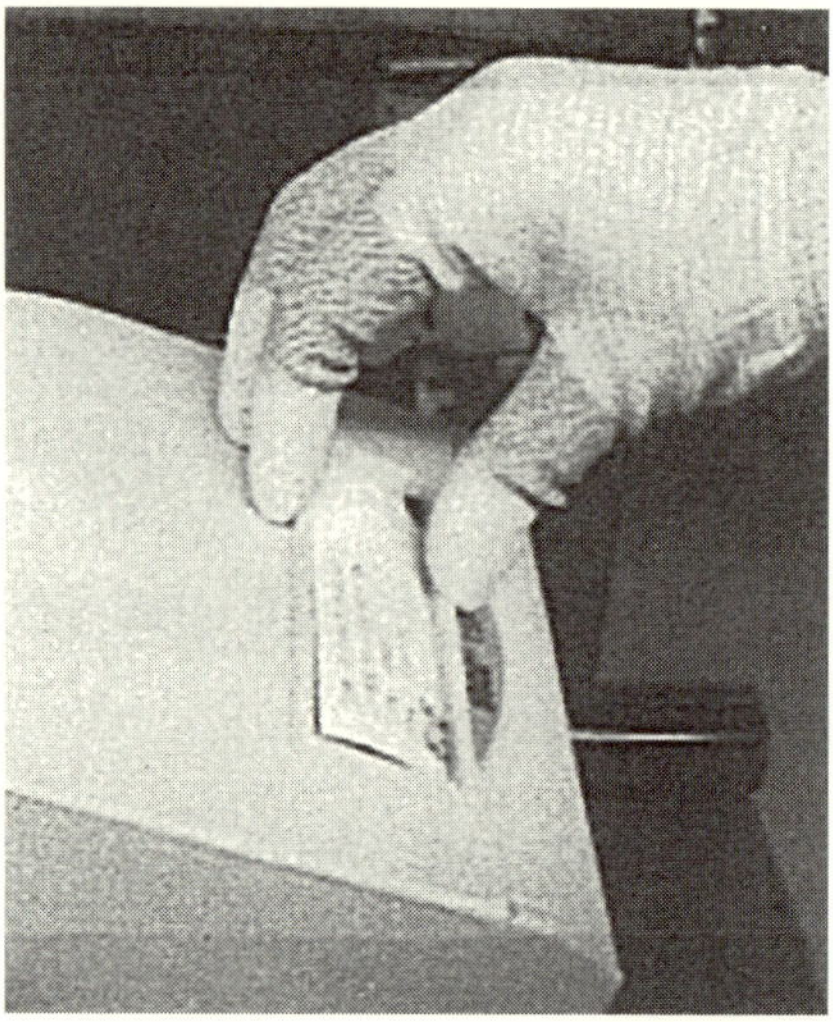

作業中は手袋をはめているので、余計に取りにくかった。

【改善前】

発行されたシリアルカードは、店のレシートのような薄い紙。自動的にカットされたあと、うしろへ自然に倒れてしまう。紙が小さいので素手であっても取りにくいのだが、工程の関係で手袋を着用しており、なおさら取り出しにくくなる。

カードの取り出しに手間どったために、後の工程に遅れが出ることも十二分にあり得る。

カードを取り出しやすくするには、ピンと立たせるようにすればよい。とはいえ、カードは自立しないので、支えるものが必要だ。

【改善後】

そこで、プラダンの背もたれを作った。カードが背もたれに支えられてピンと立つようになり、手袋をはめた状態でも取り出しやすくなった。

たかがカード、されどカード。背もたれひとつで作業効率は、格段に上がった。

改善後　プラダンで背もたれを作った

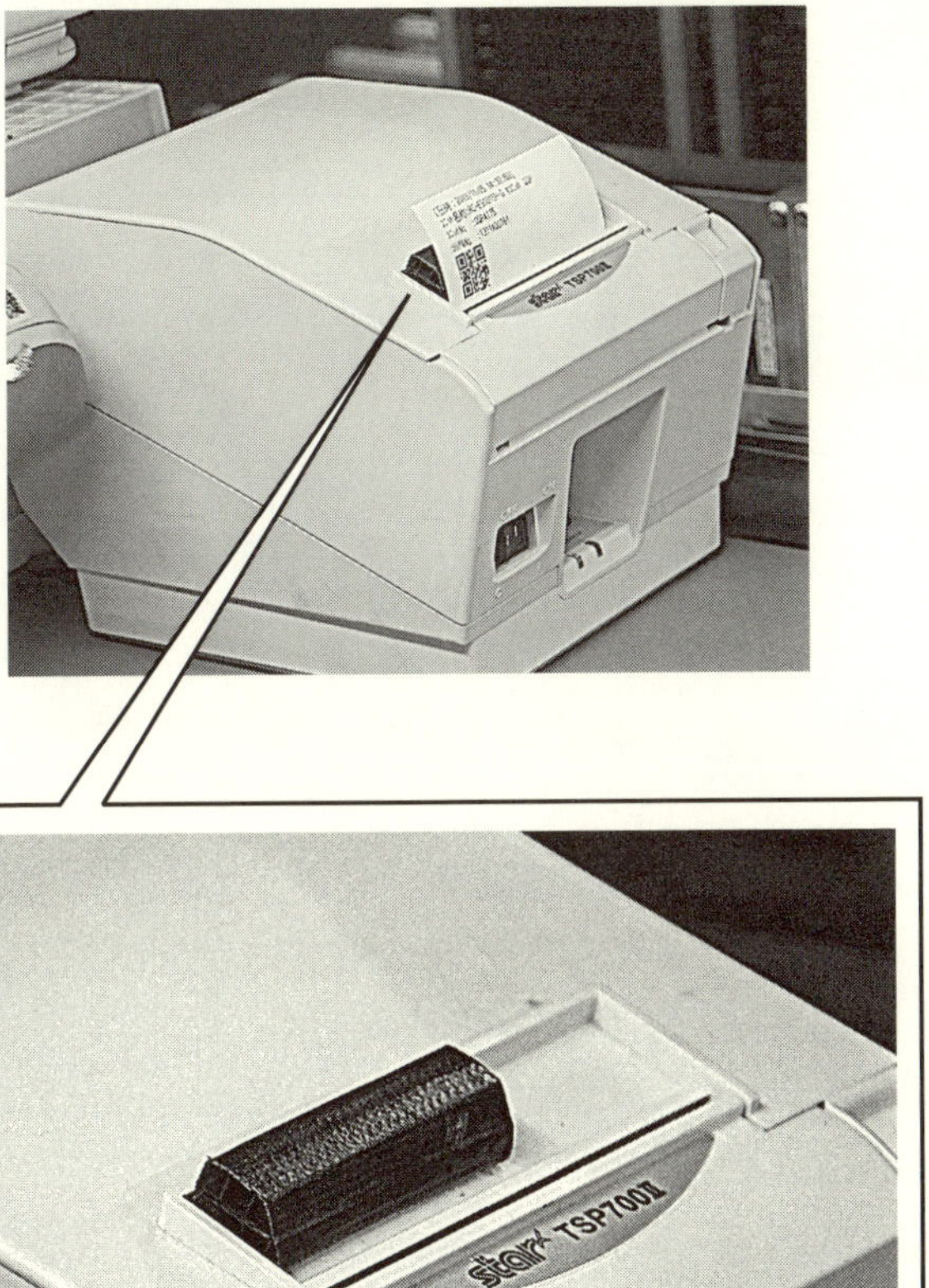

シリアルカードが背もたれに支えられることで、
手袋をはめていても取りやすくなった。

取りやす化

アース製薬の改善事例
ワンタッチ変更でスムーズに商品検査

1

改善前 AとB、異なる2つの商品を同じラインで検査していた。AからBに切り替えのときは、光電管と反射プレートに「そのつど」ガムテープを巻きつけていた。

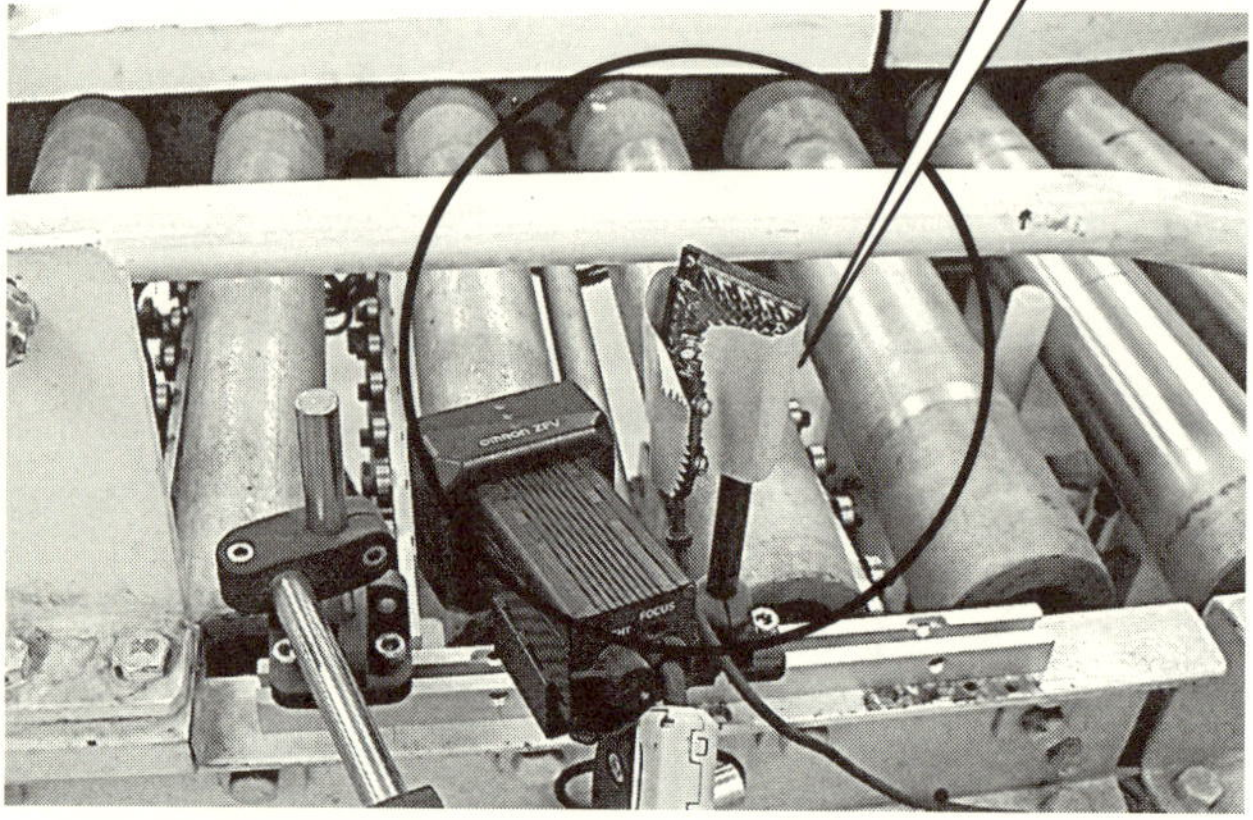
光電管と反射プレートに
ガムテープを巻きつける
omron ZFV
FOCUS

毎回、商品の切りかえにムダな時間が発生していた。

【改善前】

同じラインで商品Aと商品Bという2つの商品を検査しているが、ひとつ厄介な問題があった。

商品Bの時の検査では、取り付けられた光電管が反応しないように、AからBに切り替える時は光電管と反射プレートにガムテープを「そのつど」巻きつけていた。

そのため、商品の切りかえにムダな時間が毎回発生していた。

素早く商品の切りかえをするには、光電管を簡単に変更する方法を考えるしかない。

【改善後】

そこで、穴あき金具に反射プレートを取り付けて、切り替え器具を作った。プレートを倒すだけで光電管が遮られる。

ワンタッチで変更できるようになり、商品の切りかえにかかる時間も大幅に短縮された。当然ながら、一度で検査できる個数も大幅に増えた。

改善後

反射プレートと穴あき金具で切り替え器具を作った。

金具を組み合わせてワンタッチで倒せるようにした

反射プレートを立てた状態 → 光電管が反応

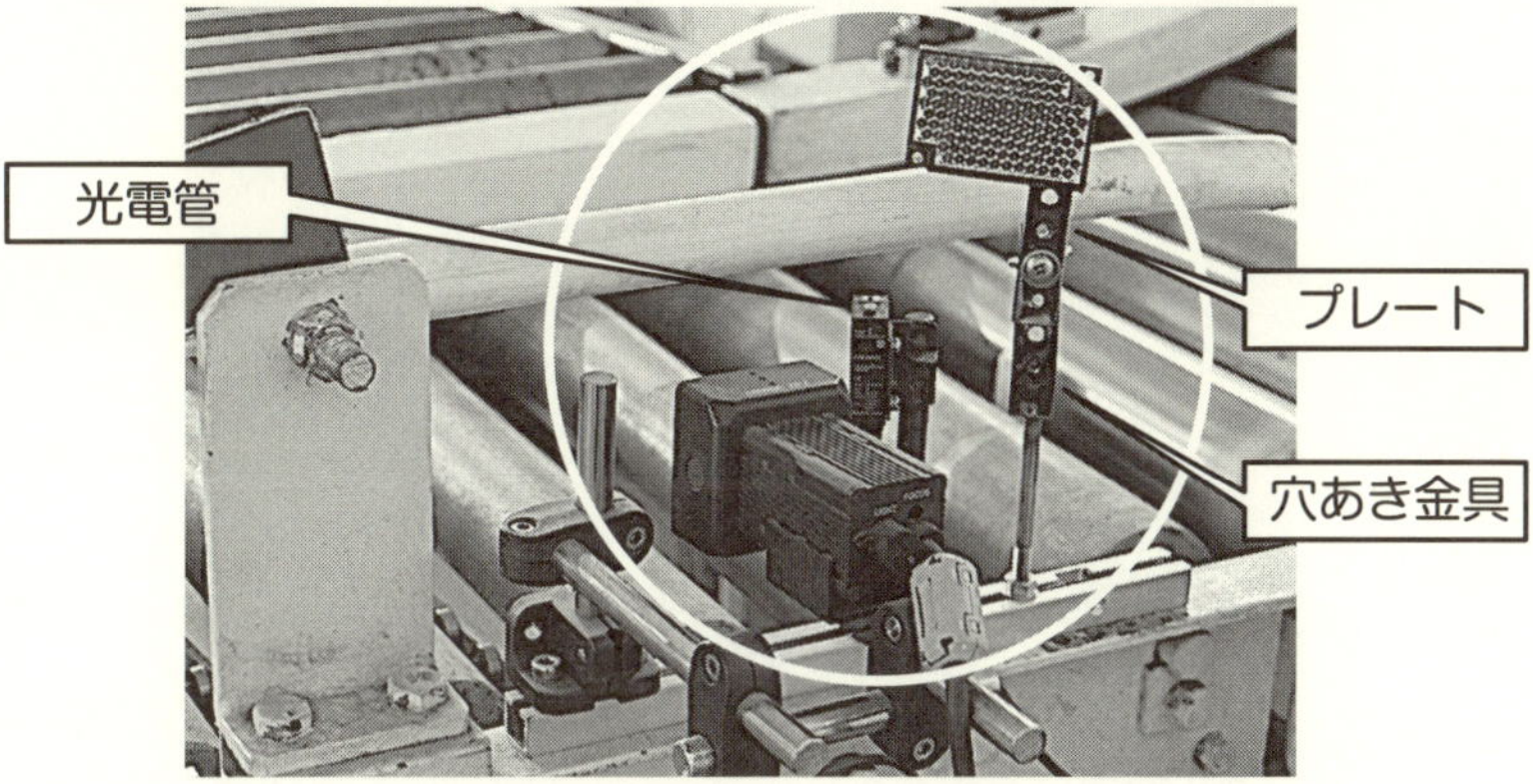

反射プレートを倒した状態 → 光電管が反応しない

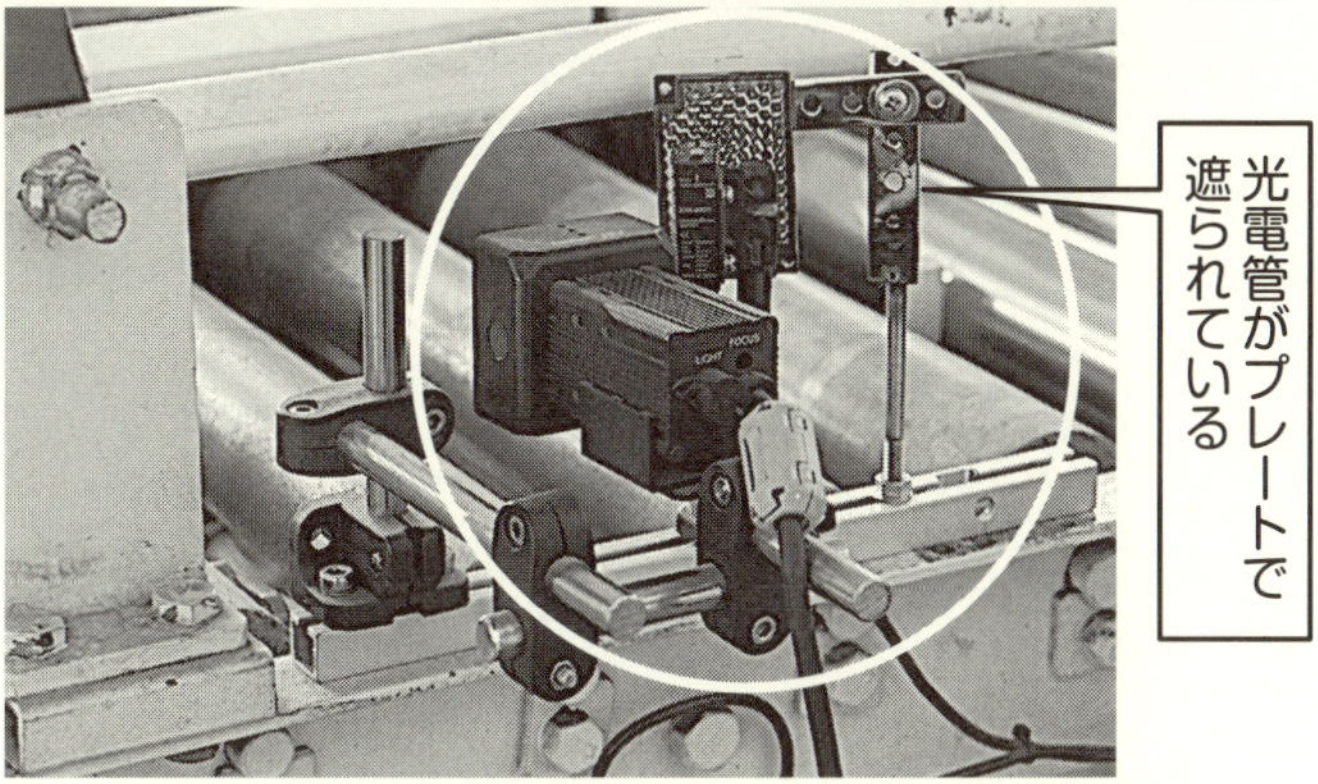

切りかえ時間が大幅に短縮、検査できる個数も大幅に増えた

「そのつど」をやめる　可動化

ボルト締め付けでまっすぐ流れる ②

改善前 ※コロコンの経年変化でフレームが広がり、箱がまっすぐ流れなくなる。

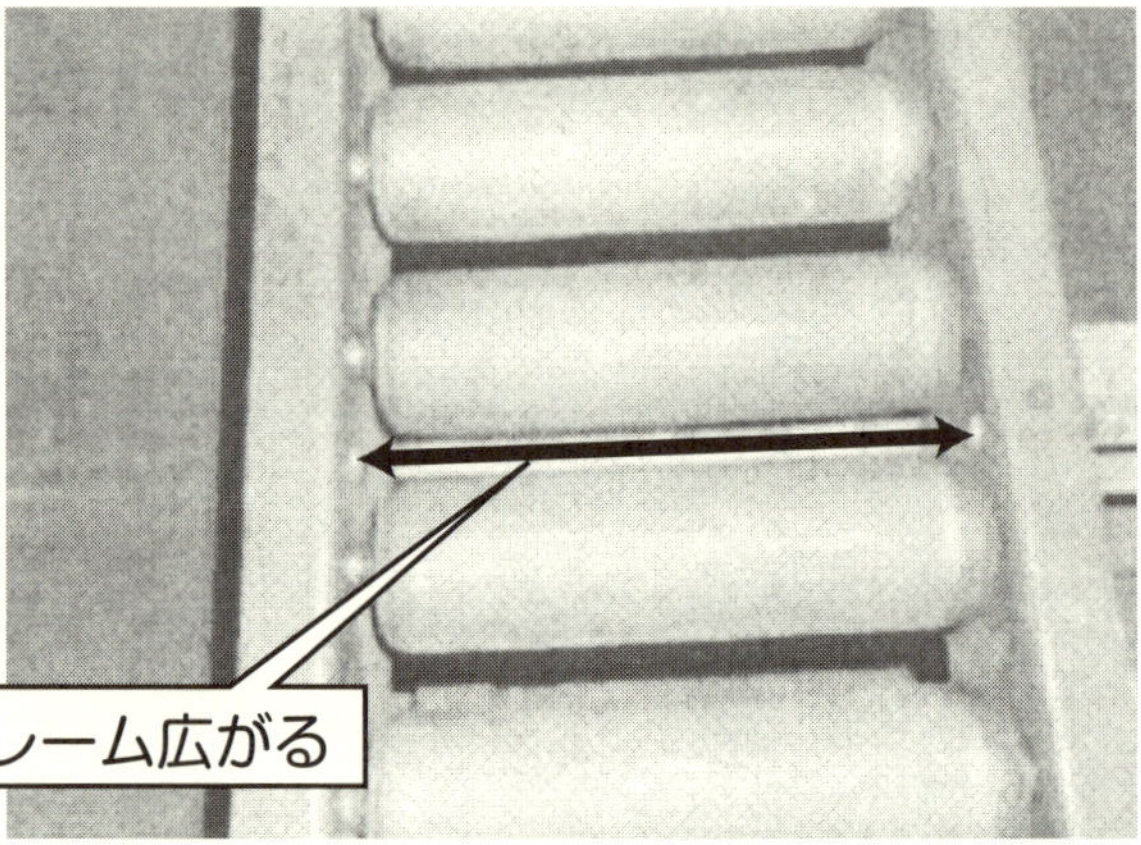

バランスを崩して箱が倒れて、商品が規格外になる危険性もある。

【改善前】

商品を詰め込んだ箱が送り込まれるラインでは、使用しているコロコンが経年変化によってフレームの幅がどんどん広がっていくことが問題になっていた。

なぜなら、フレームが広がることで箱がまっすぐ流れなくなり、バランスを崩して箱が倒れる危険性がある。箱が倒れることで、商品にもキズがついて規格外になると大きな損失となる。

【改善後】

まっすぐ箱が流れるようにするためには、フレームが広がらないようにすればよい。そう考えて実行したことは、いたってシンプルだった。

「フレームをボルトで締めつける」、ただそれだけのことだ。

ボルトで締めつけるだけのことではあるが、フレームが広がるのを抑えられる。商品が常にまっすぐ流れてくれるので、作業に集中できるようになり、事故を未然に防ぐことができる。

※コロコン：運搬用のローラーコンベア

改善後

フレームをボルトで締めつけて広がらないようにした。

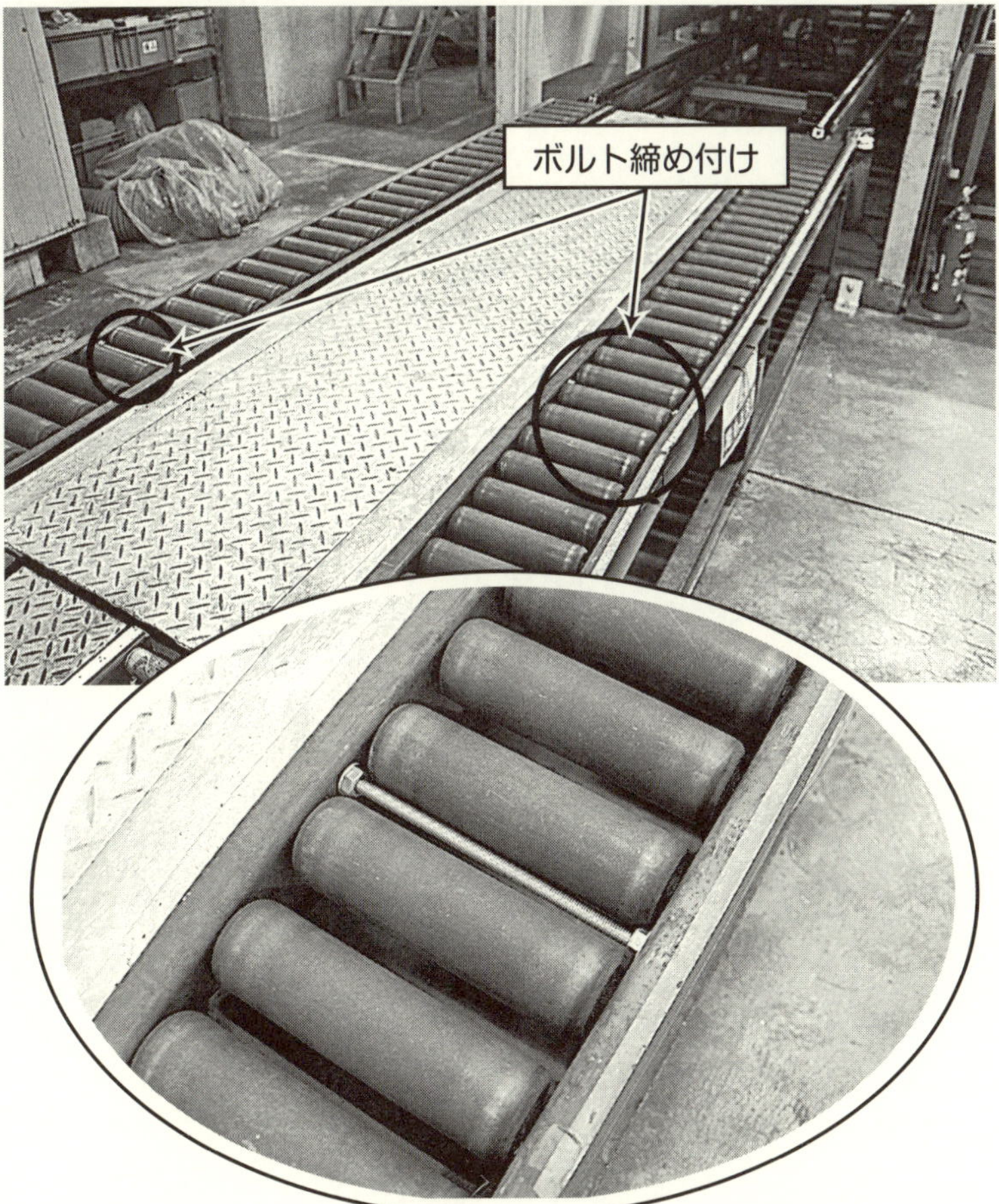

常に箱がまっすぐ流れるので、作業に集中できるようになった。

固定化　まっすぐ化

壁への流し込みで泡立ちを防ぐ ③

改善前

液体調合タンクの配管の先端が液面より高い位置にある。
落差による衝撃でひんぱんに泡立っていた。

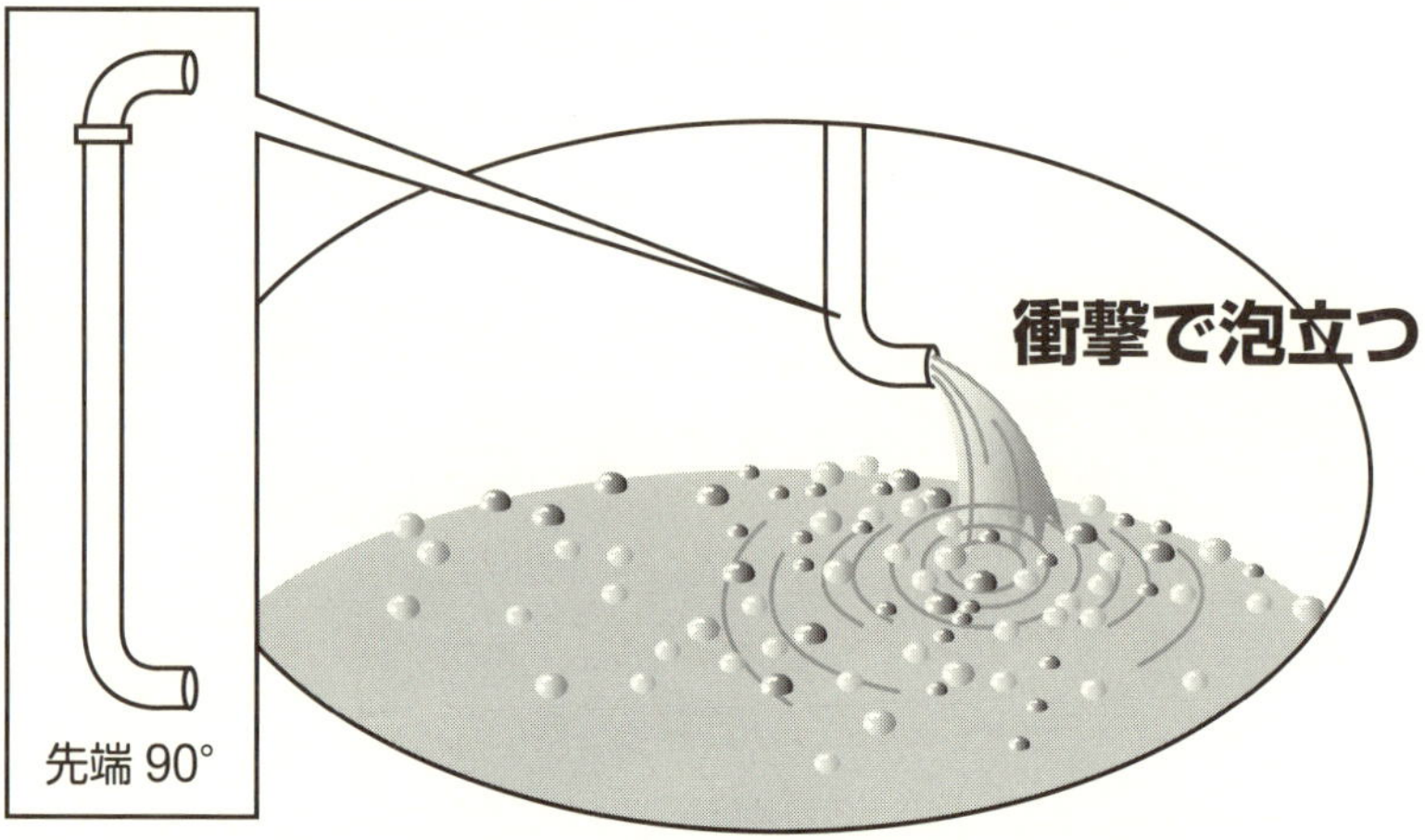

泡立ちによって、あとの工程に支障をきたすこともあった。

【改善前】

液体を調合するタンクの配管は、先端部分が液面よりも上の位置にある。そのため、配管から液体を送るときに、落差の大きさによる衝撃で泡立つことがひんぱんにあった。

泡立つことであとの工程にも支障をきたすこともあり、早急に対処することが望まれていた。

泡立ちを少なくするには、配管を長くすれば確実に落差は小さくなり、衝撃もやわらぐ。だが、それだけでは泡立ちを完全に抑えるのはむずかしい。

【改善後】

そこで、配管を約50センチ伸ばすのと同時に、先端部分の角度を90度から45度に曲げ直した。

液体を直接液面に送るのではなく、タンクの壁に沿わせて流し込むことで衝撃をやわらげ、泡立つのを防ぐ効果がある。

泡立ちを気にすることがなくなり、作業がラクになった。

改善後

配管を 50cm 長くして、先端を 45 度に曲げ直した。

液体を壁に流し込むように送ることで衝撃をやわらげ、泡立ちを防ぐ。

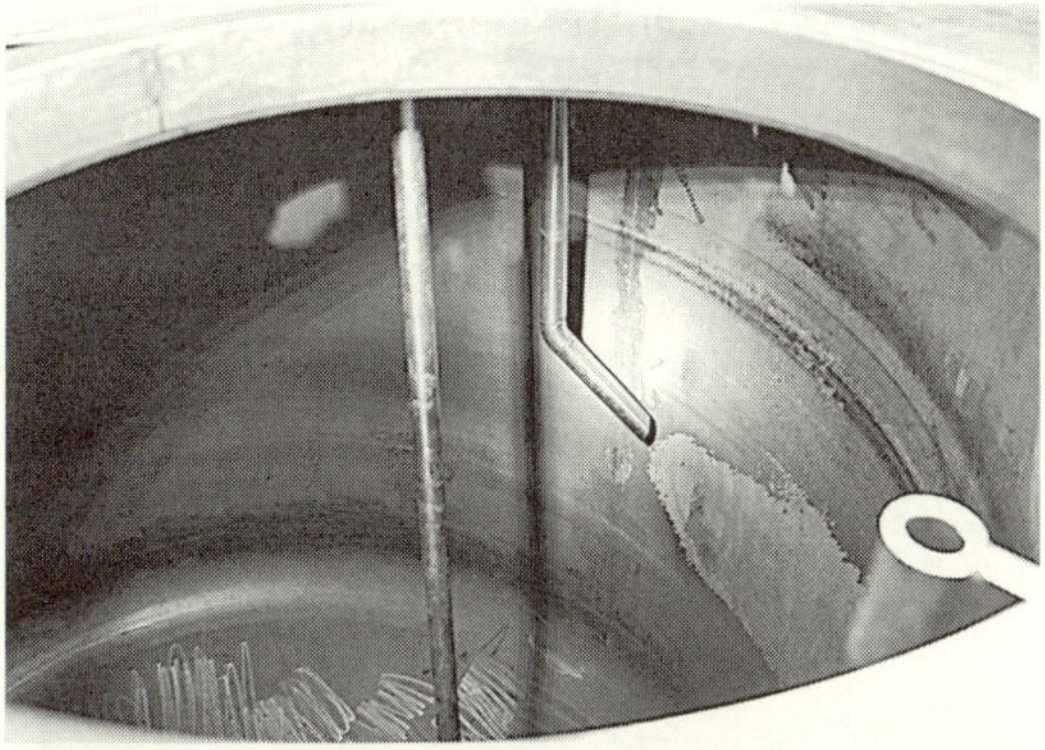

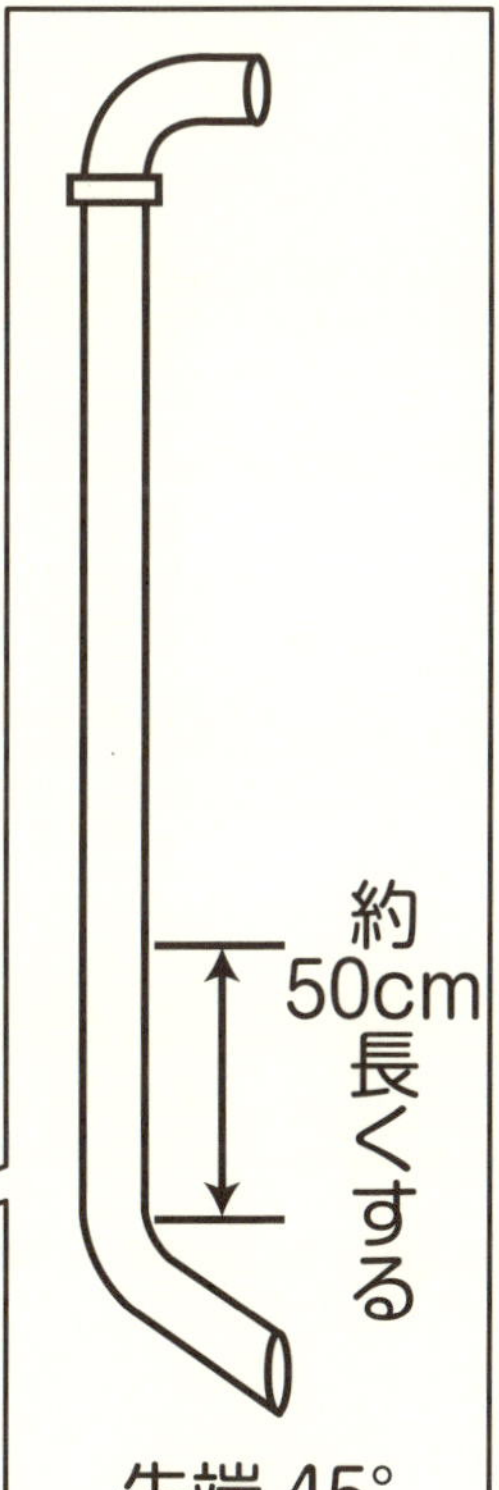

泡立ちを気にすることがなくなり、作業がラクになった。

緩衝化

レールを敷いて奥まで収納

4

改善前

倉庫の間口が狭いために、
フォークリフトが
奥へ進めなかった。

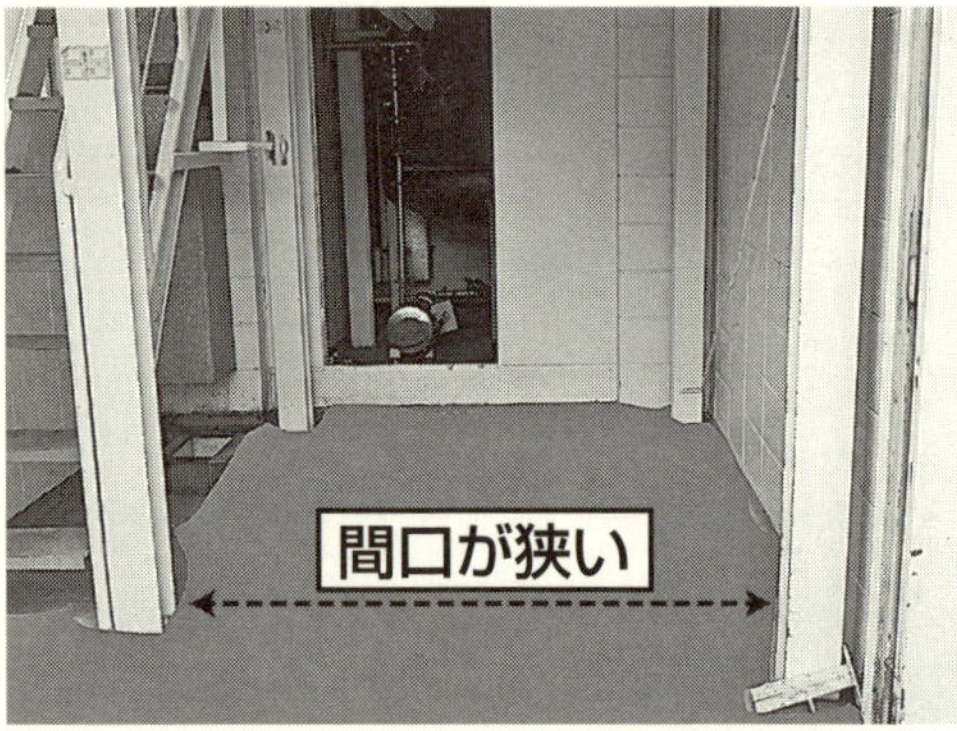

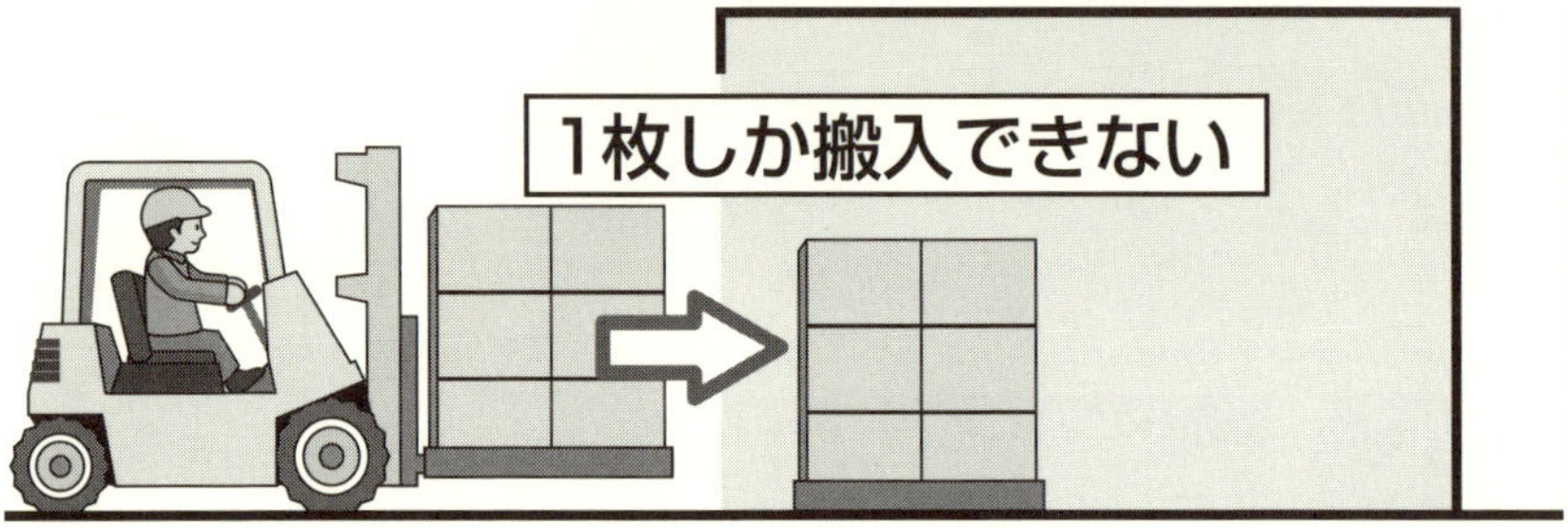

パレットが2枚置ける奥行きがあっても、1枚しか搬入できなかった。

【改善前】

パレット2枚分の危険物を収納できる倉庫がある。しかし、間口が狭いために、フォークリフトが奥まで進むことができない。ゆえに、2枚分のスペースがあっても、1枚分しか収納することができなかった。

たかがパレット1枚、されどパレット1枚である。カイゼンの観点からすれば、このスペースを活用したい。

【改善後】

何とかもう1枚分収納したい、そう思案する中で出てきた発想が、倉庫にコロコンのレールを敷くというものであった。

1枚目のパレットをレールに置くと、コロコンによって奥へと進んでいく。それによって、手前に2枚目のパレットが置けるようになる。

ムダなスペースがなくなり、搬入の作業も今まで以上にスムーズなものになった。

改善後　コロコンのレールを敷いた

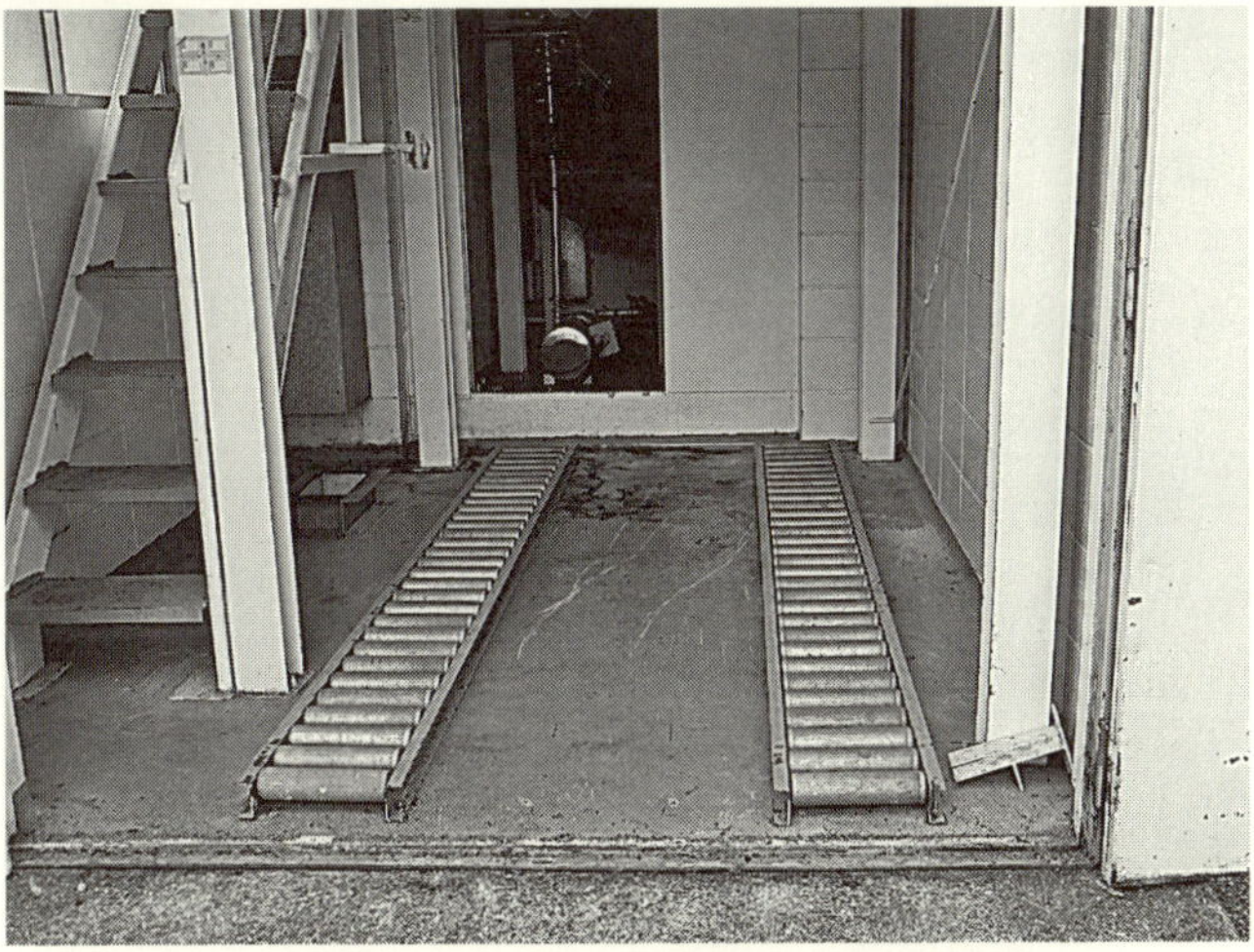

コロコンによってパレットが奥へ進むので、
手前に２枚目のパレットが置けるようになった。

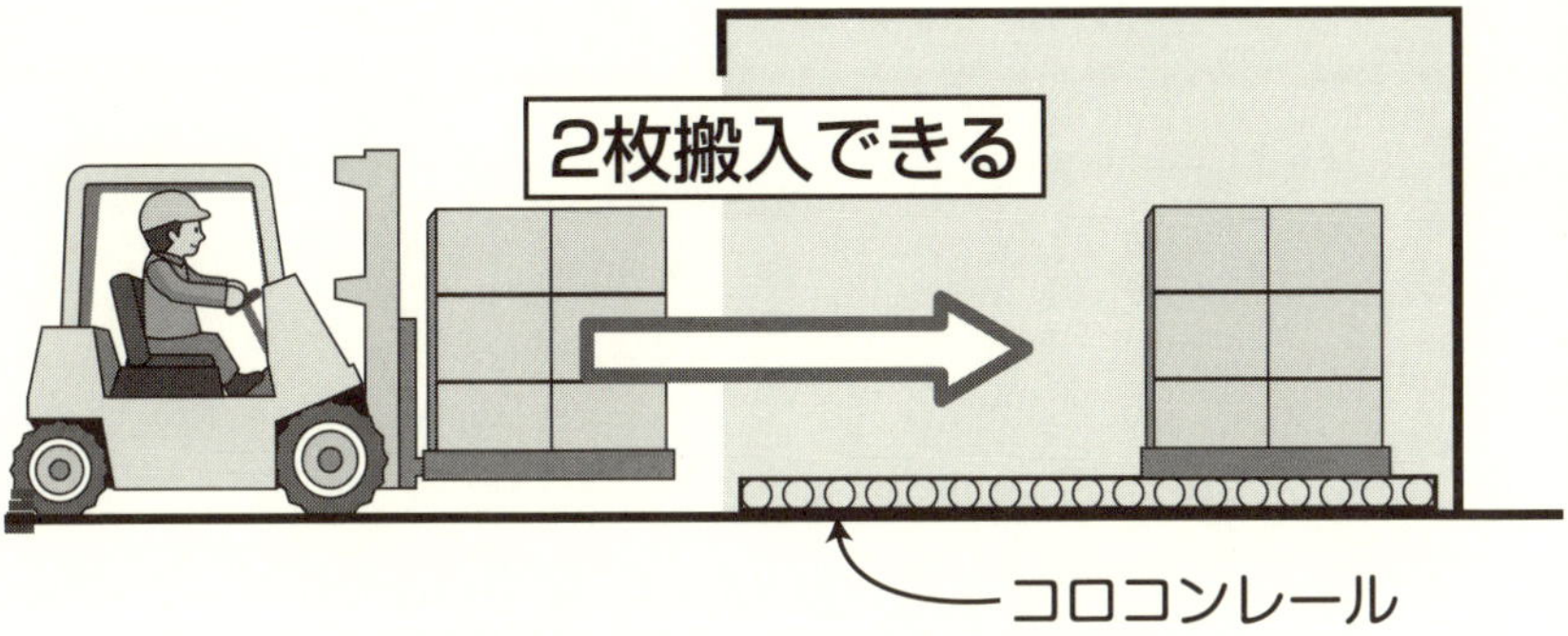

レール化

トヨタ自動車の改善事例

改善事例 親指の負荷を軽減するサポートベルト ❶

改善前 車内床面への電気配線の取り付けは締め具が硬いので、親指を使って力任せに押しこんでいる。

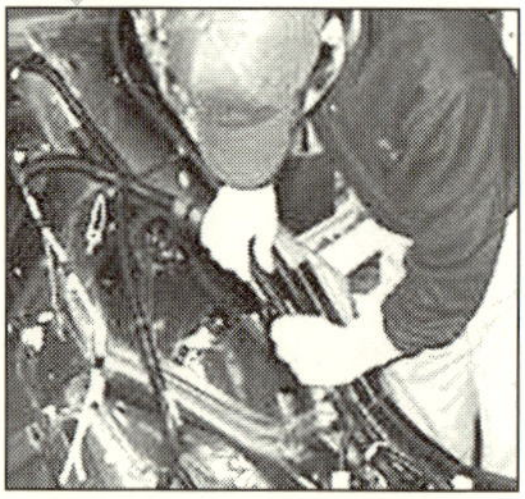

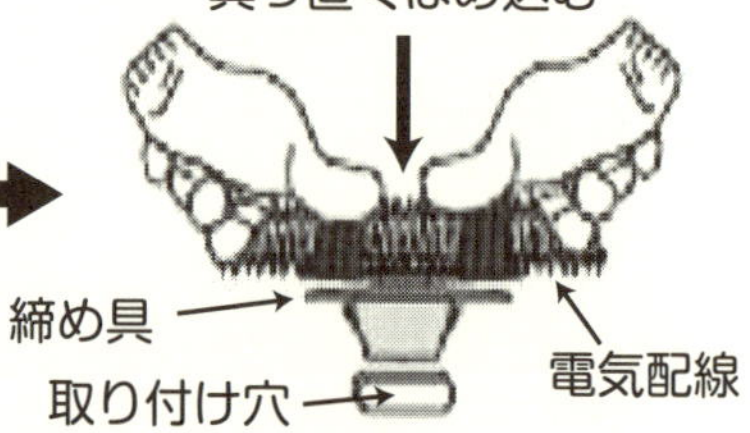

押し込む時に指が過度に伸ばされて第二関節に負担がかかり、親指を痛める不完全な挿入で配線が外れることもある。

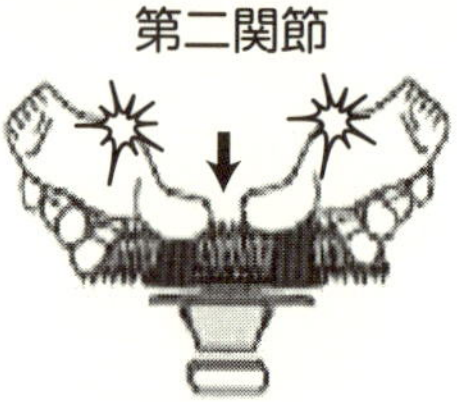

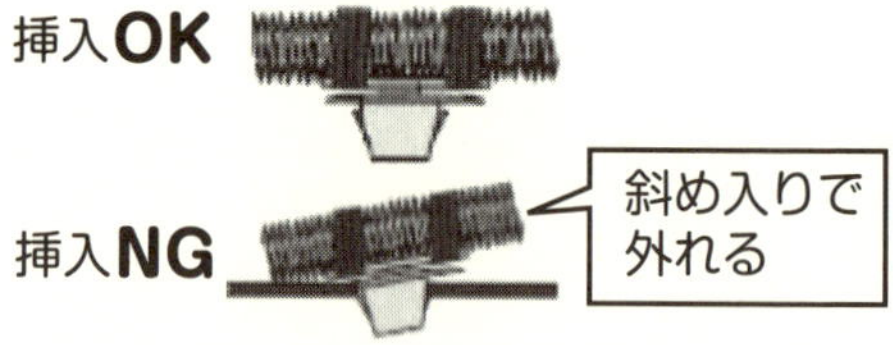

【改善前】

車内の床面の取り付け穴に、電気配線を取り付ける作業がある。締め具が硬くて入れにくいので、配線を押しこもうとするとどうしても力任せになる。

特に経験の浅い新人や女性従業員の場合、力が入りすぎて親指が過度に伸ばされ、第二関節に過剰な負担がかかって指を痛めることがある。さらに、不完全な挿入で配線が外れ、余分な作業時間の発生にもつながる。

【改善後】

親指にかかる負担を軽くするために作ったのが、2種類のサポートベルトと1種類の固定ベルトを取り付けた装具であった。

2つのサポートベルトは、親指を内側へ引っ張り、外側に曲がってしまうのを防ぐ。固定ベルトは、手にフィットするように調節できる。

ベルトを着けたままで他の作業もできるように、素材は軽量かつ強固なマジックファスナーが使われている。

改善**後**

親指の負荷を軽減できる装具を考案

<改善の着想>

親指が外側に曲がるのを防いで、関節の負担を軽くできないか

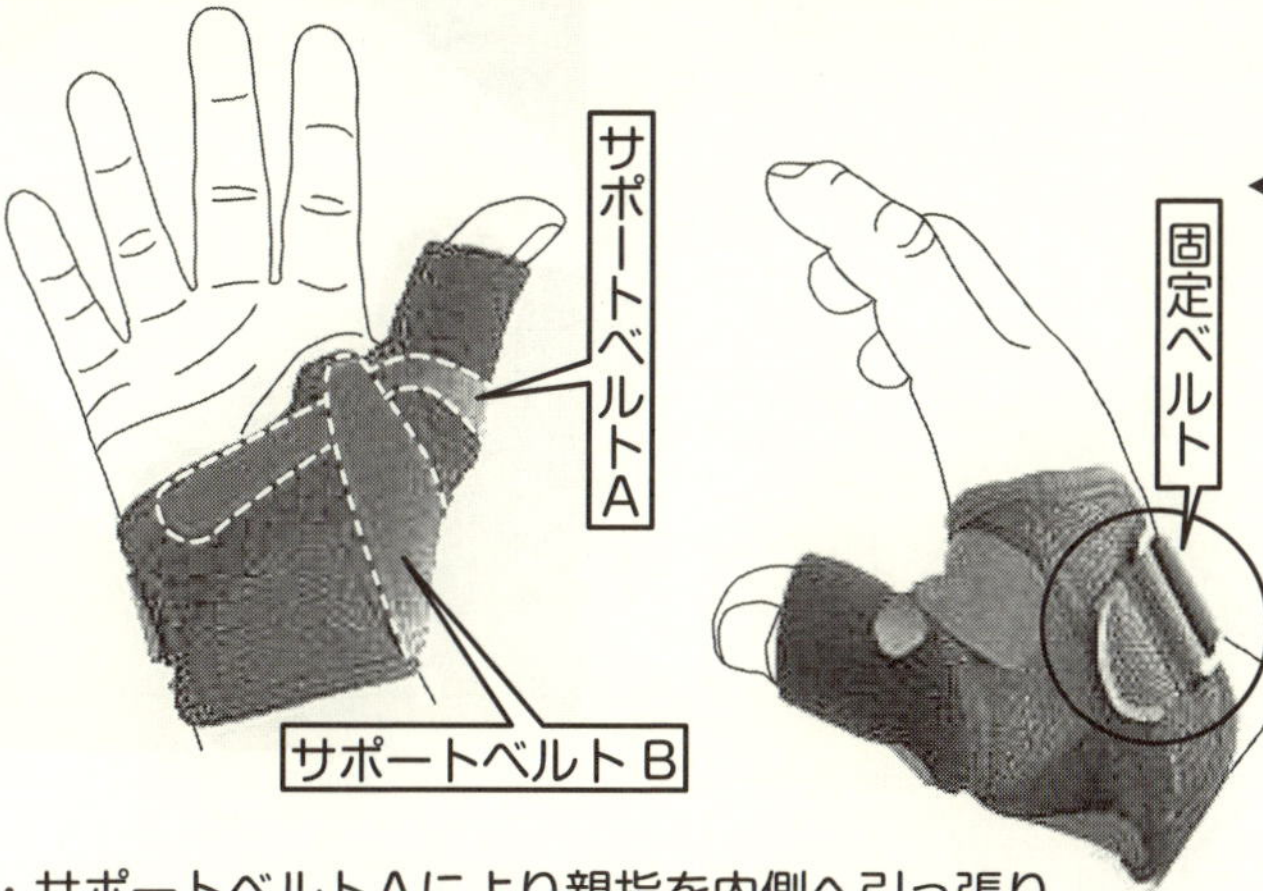

- サポートベルトAにより親指を内側へ引っ張り、外側に曲がるのを防ぐ
- Aだけでは保持力が弱いのでサポートベルトBで補強
- 固定ベルトは各人の手にフィットするよう調節可能

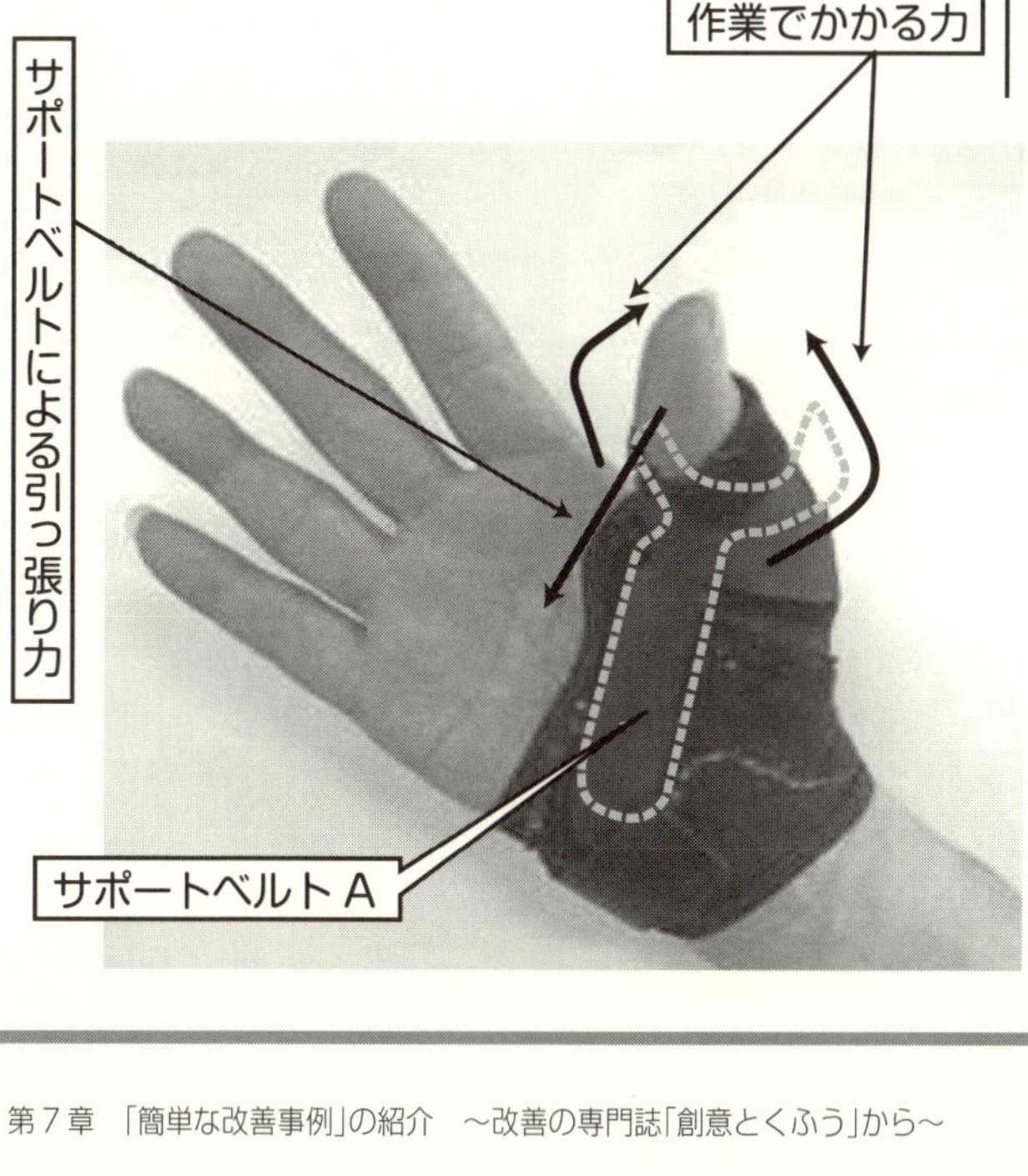

改善事例

ブレーカーのカバーを外さずに電圧測定できる探針 ②

改善前

ブレーカーの電圧測定は、
安全カバーを外したまま、
ワニクチクリップを取付けて、
数日〜1 週間程度行っていた

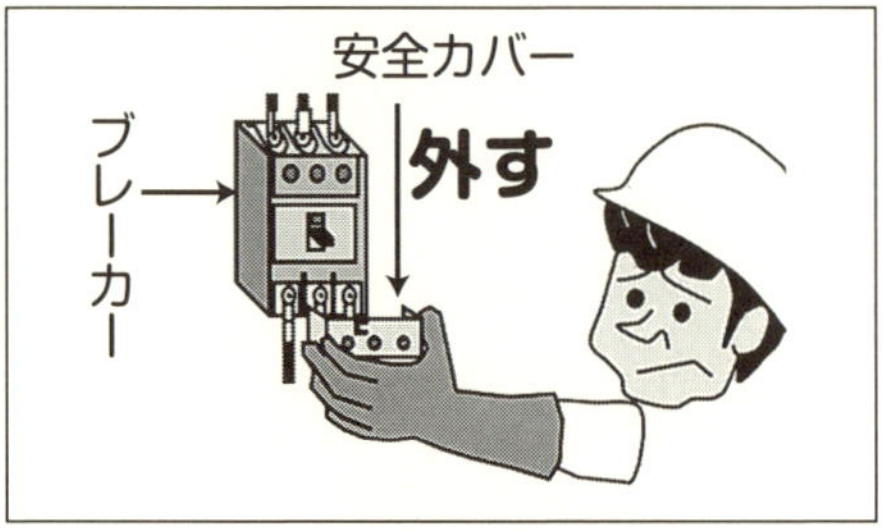

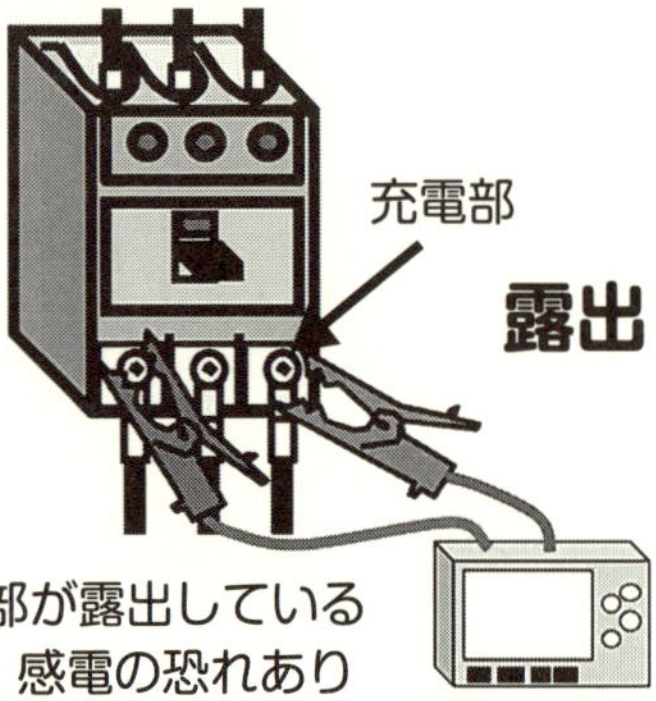

充電部が露出しているため、感電の恐れあり

電力メーター

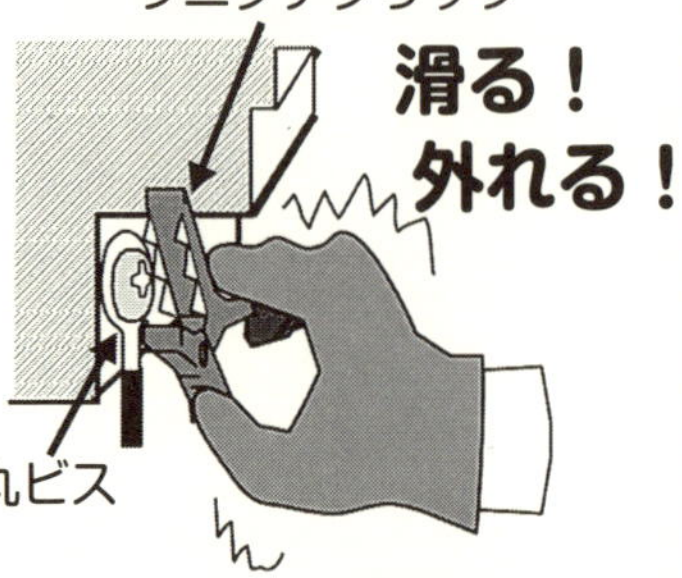

ワニクチクリップが、「滑る」「外れる」とショートの恐れがある。

【改善前】

ブレーカーの電圧を測定する際は、安全カバーを外さなくてはいけない。しかも、ワニクチクリップをつけたまま無監視状態で、数日から長ければ1週間程度行われる。

安全カバーを外すと、充電部が露出状態となり、少しでも手元が狂えば感電を引き起こす恐れがある。しかも、ワニクチクリップが滑ったり外れたりすることで、ショートする恐れもある。

【改善後】

そこで、ワニクチクリップの代わりになる道具を作った。左頁イラストの探針（プローブ）だ。安全カバーを外さずにブレーカーの丸ビスに当てるだけで測定ができるようになり、感電やショートの恐れもなくなった。

あらゆる安全カバーのサイズに対応できるように、スプリングを内蔵させている。さらに、プローブがしっかり固定できるよう強力な磁石も装着している。

改善後

＜改善の着想＞

安全カバーを外さずに測定できる道具はないか

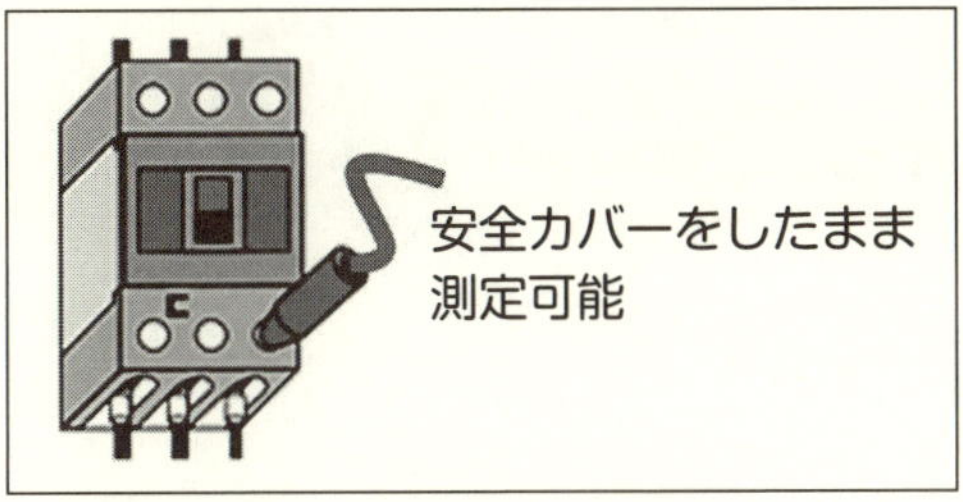

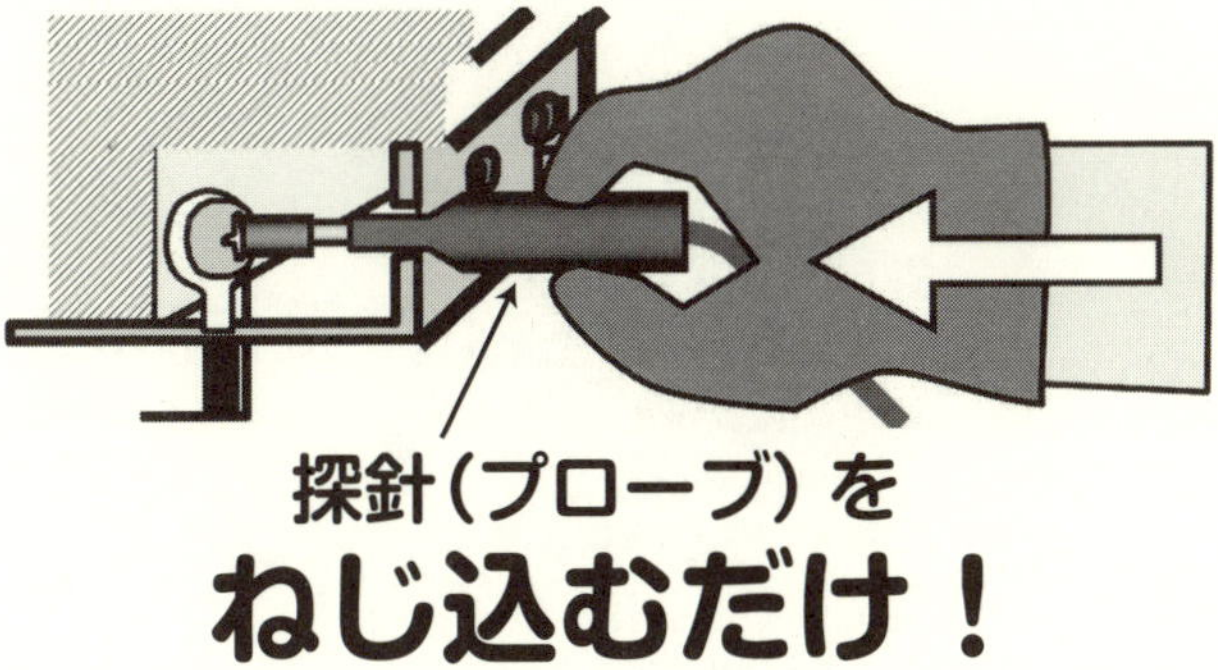

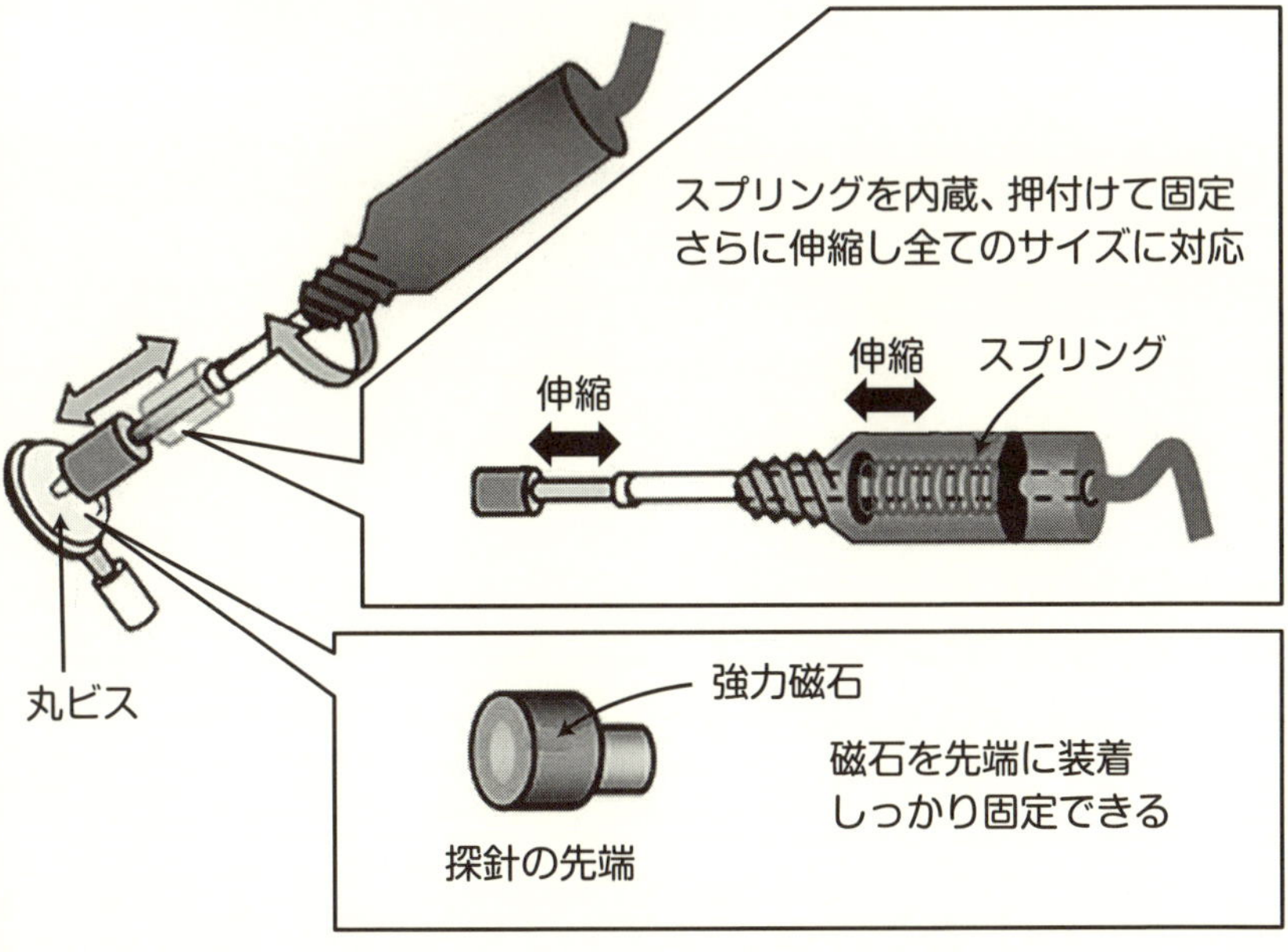

改善事例③ 側溝フタをラクに持ち上げる脱着治具

改善前

側溝の清掃の際、フタを手で持ち上げていた。
フタが重くて持ちにくいために、
腰を痛めたりや、指をはさむことがあった。

【改善前】

工場内で特定雨水区域に指定されているエリアでは、月4回側溝の清掃を行っている。

その際、フタを外さなくてはならないのだが、相当な重量かつ細かい格子状になっているので持ち上げにくい。

無理に持ち上げようものなら、重さの影響で腰を痛めたり、格子に指をはさんだりすることになる。

【改善後】

いかにして、側溝のフタを「ラク」に持ち上げるか。その着想から作った治具は、「テコの原理」を応用したものである。

格子にフックを入れることで持ちにくさを解決し、ハンドルだけではなくペダルを踏むという操作で持ち上げる力を軽くさせている。

また、タイヤを固定させることで、フタを持ち上げた時の支点も安定し、誰でも素早く作業ができる。

①格子にフックを入れ、
ペダルを踏んでタイヤを固定して持ち上げる。

②フタを移動させて地面に置く。

改善後

＜改善の着想＞

「テコの原理」を応用すれば「ラクに」持ち上がる

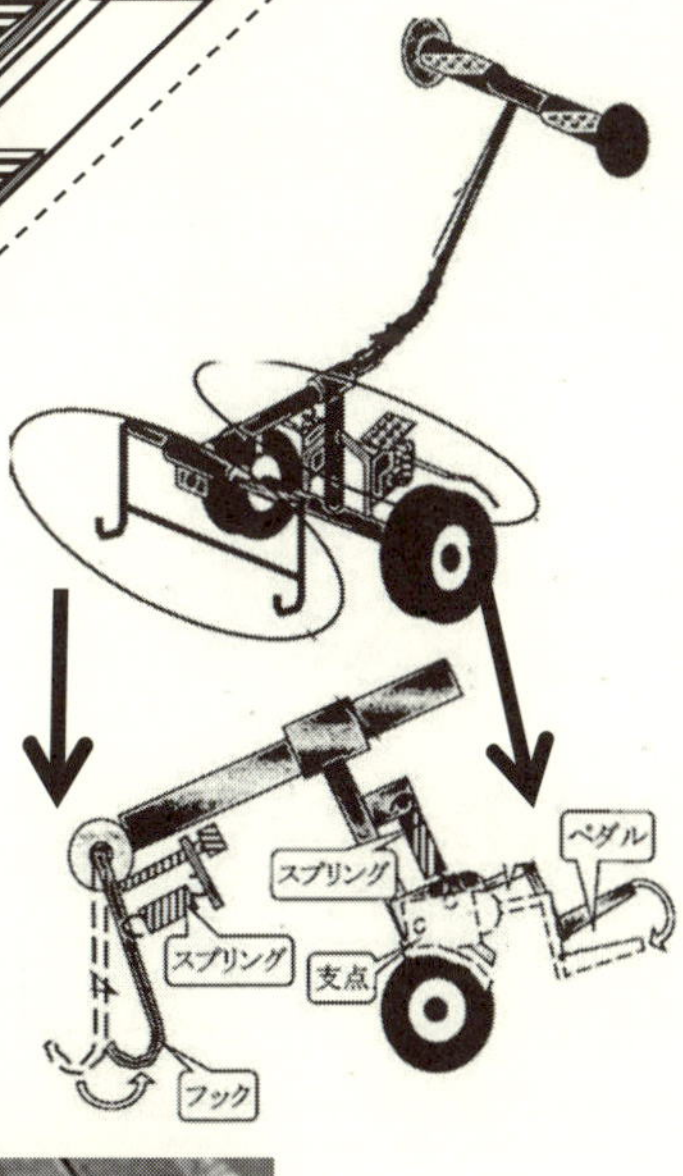

《ポイント》
・フタを持ち上げた時に支点が安定している
・誰でも素早く作業できる

改善事例 手袋はめてもラベルがはがせる治具 ❹

改善前

変速機組み付け工程で
コーションラベルを貼り付ける作業があるが、
手袋をはめているために、取り出しにくく、はがしにくい。

ラベルを収納箱より取り出す

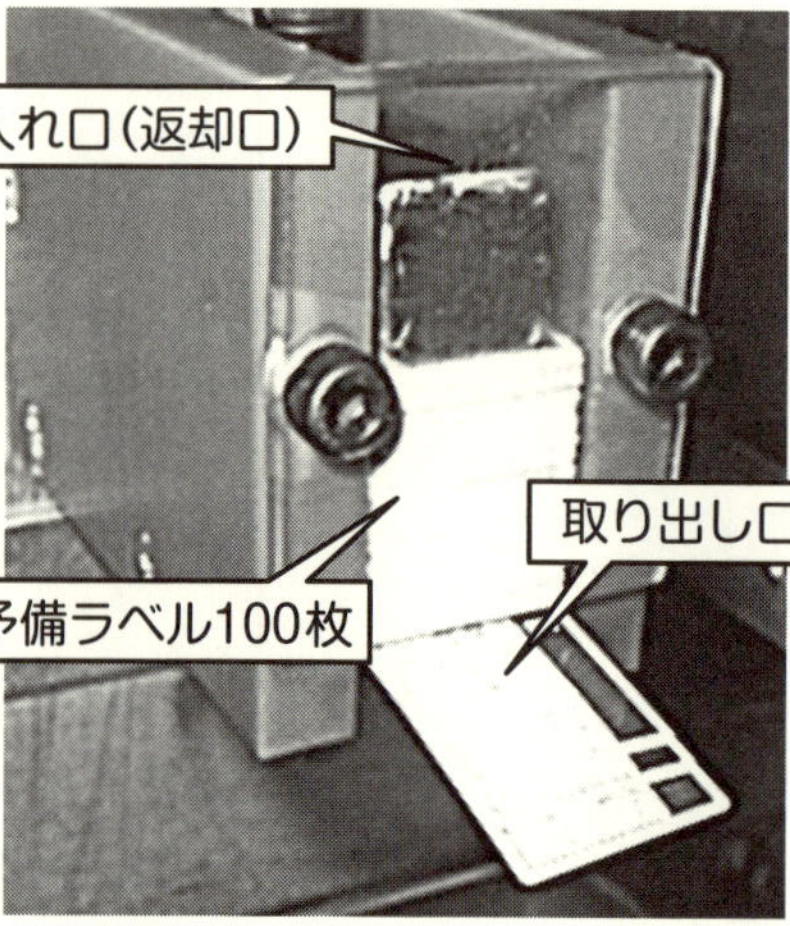

手袋使用のため２枚取り出しがあり、
「そのつど」ラベルを返却していた。

①手で一枚ずつ取り出し
↓
②分割された粘着面の台紙を折り曲げ、Bをはがす

↓
③変速機に貼り付けたあとAをはがす

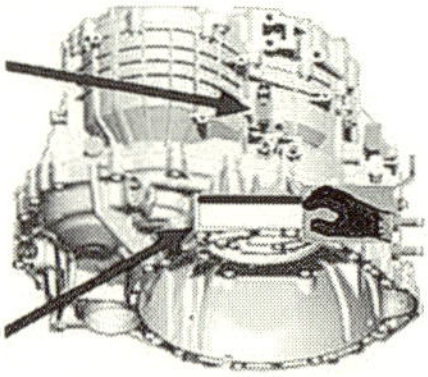

【改善前】

トランスミッション（変速機）の組み付け工程において、注意を促すコーションラベルを貼り付ける作業がある。ラベルを貼るだけなら、難しい作業ではない。しかし、「手袋をはめる」という条件が加われば、話が変わる。

手袋をはめた状態で、１００枚重なったラベルから1枚取りだすのはカンタンではない。誤って2枚取り出したときは、余分のラベルを「そのつど」戻していた。

【改善後】

そこで作った治具は、ラベルの切り出しと台紙をはがすのを一度にできるというもので、手袋をはめても「カンタンに」できるようになった。ラベルを曲げてうしろに引き抜くことで、切りこみを入れた台紙の片方がはがれるようになっている。

他の作業に注力できるようになったことで、効率は格段にアップした。

改善後

ラベルの１枚切りだしと台紙Ｂを剥がすのを一度に行う

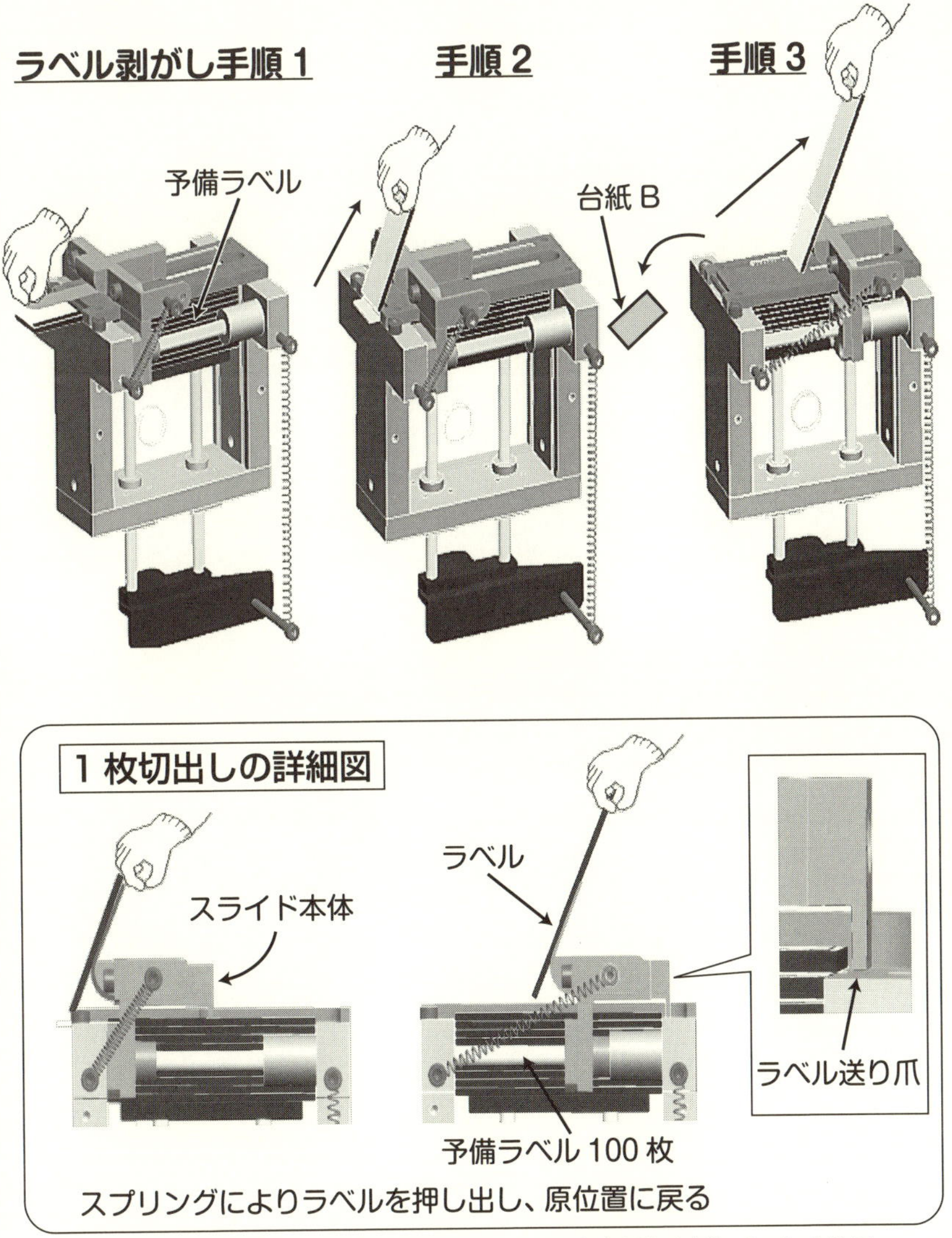

ラベルを曲げてうしろに引き抜くことで台紙がはがしやすくなる。

第8章

改善実施ノウハウQ&A

手っとり早い改善実施ノウハウに関する「質問」に対する「ズバリ･一発解答」

①改善の「方程式」
②改善の「定石」
③改善の「公式」
④問題とは
⑤改善的・分割記入
⑥改善的・定期点検
⑦「3つのムダ」
⑧「さがすムダ」への対策法
⑨「間違い」への対処法
⑩「似ナイ化」の方法
⑪「迷わナイ化」の方法
⑫「混乱雑複」への対処法
⑬あらかじめ・先手対応
⑭「改善実施」のコツ
⑮「改善的思考&発想」とは

カイゼンQ&A ズバリ解答❶

「改善の方程式」とはどのようなものか

「このように考える」と、「改善できる」という手順や方法

一般的に、方程式とは、このようにすれば、「誰でも簡単にデキる」という「手順や方法」を示すもの。

ゆえに、

「改善が苦手」

「どうすれば、改善デキるのか」

「どこから手をつければいいか」

——と悩んでいる人には、最も簡単で、最も効果的なノウハウとして「改善の方程式」が勧められる。

それは

①「改善＝問題の裏返し」

②「対策＝原因の裏返し」

——という「改善の構造」を基にした「改善の思考手順」である。

つまり、困っているのなら、それを裏返して、「困らナイ化」するのが改善である。では、「困らナイ化」するには、どうすればいいのか。

その対策は、「困っている原因」を裏返すこと。たとえば、「間違い」が多くて、困っているなら、「間違えナイ化」するのが改善だ。

では、「間違えナイ化」するには、どうすればいいか。その対策は「間違える原因」を裏返すことだ。たとえば、「似ている」のが「間違いの原因」ならば、その対策は「似ナイ化」である。

では、「似ナイ化する」には、どうすればいいのか。それには次のような「改善の定石」が勧められる

＊「色分け化・目印化・目立つ化」

＊「表示化・テープ化・テプラ化」

＊「仕切り化・仕分け化・分離化」

＊「カバー化・ガード化・ガイド化」

——など。

このように「似ナイ化の方法」が「アタマの引出し」に、数多くあれば、次から次にアイデアが出てくる。

よって、「間違えナイ化の改善」に「行き詰まる」こともない。それが「改善力・改善指導力」である。

改善の方程式

改善の思考手順

改善とは何か。それは

①問題の裏返し

②原因の裏返し

対策＝原因の裏返し

困ったら、困らナイ化するのが改善。
では、「困らナイ化」するには、どうすべきか。
「困っている原因」を裏返すべし。

「間違い」で、困っているなら、
「間違えナイ化」するのが改善。では、
「間違えナイ化」するには、どうすべきか、
「間違える原因」を裏返すべし。

「似ている」のが、「間違いの原因」なら、
その対策は「似ナイ化」である。では、
「似ナイ化する」には、どうすればいいか、

それには、次のような**改善の定石**を活用すべし。

・色分け化・目印化・目立つ化
・表示化・テープ化・テプラ化
・ラベル化・シール化・カバー化
・仕切り化・仕分け化・区切り化
・分別化・分離化・隔離化--など

カイゼン Q&A

ズバリ解答②

「改善の定石」とはどのようなものか

「こうすれば改善できる」という「○○化」&「○○活用」など「具体的な方法」の典型的パターン

「似ている」のが「間違いの原因」なら、「間違いを防ぐ対策」は「似ナイ化」である。なぜなら、「対策」とは「原因の裏返し」だから。

では、「似ナイ化する」には、どうすればいいか。それには次のような方法がある。

＊「色分け化・目印化・目立つ化」
＊「表示化・テープ化・テプラ化」
＊「仕切り化・仕分け化・分離化」
＊「カバー化・ガード化・ガイド化」
――など。

これらのうち、とりあえず、実施デキることを実施すれば、「似ナイ化」となるので、「間違えナイ化」や「間違えニク化」などの改善ができる。

あるいは、「パソコンの機能」を活用して、「間違った数字」など入力できないように、つまり、「間違えられない化」という改善もある。

また、「誤った動作」をすると、ブザーやベルが鳴ったり、パトライトが点滅するなどイロイロな「補助具」を活用すれば、たとえ、間違っても、「スグ検知→スグ修正できる」という改善も可能だ。

☆

このように
「××するには」→「○○すればいい」
――という「具体的な方法」のパターンを「改善の定石」という。

それには
①「何か変える」を意味する「○○化」
②「何かの活用」を意味する「○○活用」
――の2種類がある。

改善とは「問題の原因を裏返すこと」だが、それには、要するに
①「何かを変える」
②「何かを活用する」
――だけに過ぎない。

これ以外に「改善の方法」はない。

よって「改善の定石」も「○○化」と「○○活用」の2種類しかない。

改善の定石

具体的な改善方法

こうすれば改善デキる

××するには

○○すればいい

という具体的方法パターン

○○化＝何かを変える

色分け化・目印化・目立つ化

仕切り化・仕分け化・分離化

カバー化・ガード化・ガイド化

表示化・テープ化・テプラ化

○○活用＝何かを活用する

機能活用・補助具活用

制度活用・サービス活用

他人の知恵活用

Q&A カイゼン

ズバリ解答③

「改善の公式」とはどのようなものか

「典型的な問題」に対する「パターン化された解決法」

「すべての仕事」には共通の「典型的な問題・ムダ・不都合」がある。

たとえば、

＊「イチイチ、測っている」
＊「そのつど、計算している」
＊「ワザワザ、移動させている」

あるいは、

＊「転記ミス」がある
＊「入力モレ」がある

また、

＊「補助者」が不在でデキない
＊「支持」のため腕が痛くなる

――など。

しかし、これらの問題には、すでに、いくつかの「効果的な解決法」が見出され、パターン化されている。

たとえば、計器で「正常か異常」が判断できれば充分という場合がある。

そのような場合、「色分け化・目印化」すれば、ワザワザ数値を読まなくても、一目で、判定デキる。それが**「計測するな、判定せよ」**――という公式である。

事務において、「転記作業」ほど、ムダなことはない。「余計な手間」がかかるだけでなく、「転記ミス」も発生する。

その場合、パソコンの機能を活用し、すでにあるデータを転化転用するのが、**「転記するな、転用せよ」**――という公式だ。

道具など床や作業台に置くと、積み重なり、取り出すのに苦労する。その場合、**「置くな→吊せ」**という公式が「余計な手間」を省く「改善的・整理整頓法」である。

☆

誰かに、手伝ってもらわなければ、デキない仕事がある。その場合でも、「補助具」を活用すれば、「一人でも、デキる化」となる。

それが**「補助者は、補助具で代替化せよ」**という公式だ。

改善の公式

問題→解決のパターン

計測調整のムダ→判定設定化

計測するな→判定せよ
調整するな→設定せよ
計測＆調整するな→ゲージ化せよ

転記＆入力のムダ→機能活用

転記するな→転　用せよ
入力するな→選択化せよ
計算するな→自動化せよ

改善的手抜き整理法

置くな→立てろ・吊せ
後始末するな→前始末化せよ

補助具によるラクちん化

補助者は補助具で代替化
支持・保持は支持具・保持具で手抜き

カイゼン Q&A

ズバリ解答④

「問題に気づかない人」「問題意識のない人」に、どのように指導すればいいか。

「問題」という「抽象的な用語」を使うと「カラ回り」する。「具体的な日常的な言葉」で説明すべし。

☆

「抽象的な用語」は、各人にとって、それぞれ異なるイメージや意味を持っている。そのため。話が食い違い、「カラ回り」する。

たとえば、「会社にとっての問題」か、あるいは「社員にとっての問題」なのか、それによって「問題の意味」も異なっている。

「改善活動の目的」が「会社にとってのメリット」を求めるものならば、この場合の問題とは

①「効率・能率」
②「売上・コスト」
③「収益・収益率」

――などだろう。

もちろん、これらは「取引先への支払い」や「社員への給与支払い」など、常にカネに追われてる「経営者や経営幹部」にとっては最大の関心事であり、「重要な問題」だろう。

だが、一般社員にとって、それらはたいした問題ではない。多くの社員は「毎月の給与」さえあれば、「会社の収支状況」や「財務状態」などにそれほどの関心はない。

それらが「重大な関心事＝問題」となるのは毎月の給与が滞り、解雇や倒産など、「自分の生活」に影響する時である。

「改善活動の目的」が「社員にとってのメリット」を求めるものならば、「社員にとっての問題」とは

①「やりニクイ」
②「イライラする」
③「メンドウくさい」
④「不便・不快・不安全」
⑤「困ったこと・イヤなこと」

――などだろう。

仕事の中で、実際に感じていることなら、「改善すべきこと」＝「自分にとっての問題」として実感できる。

問題に気づかない人に
問題に気づかせるには

その人が改善すべきこと、つまり、
その人にとっての

問題とは何か？

①やりニクイ

②イライラする

③メンドウくさい

④不便・不快・不安全

⑤困ったこと・イヤなこと

――など、仕事のなかで実際に「感じている」ことが、
「その人にとって改善すべきこと」、すなわち、
「その人にとっての問題」である。

「会社にとっての問題」を訴えても、
「自分の問題」としては感じられない。
「自分にとっての問題」なら実感できる。

カイゼン Q&A

ズバリ解答⑤

「改善を書き出す」のが「苦手な人」への指導法は？

「問題欄・だけ」を書き出しておく「改善的・分割記入法」が勧められる

☆

「改善そのもの」はやっているが、「改善用紙」に記入しない社員には「どのように指導すればいいか」――という相談がある。

その「最も効果的な対策」は「改善的・分割記入」である。それは「とりあえず、問題欄」だけを、先に記入しておくという方法だ。

「改善」を書き出すという「改善の顕在化」が苦手な人は、締切直前に、一挙に書こうとしている。

そのため、なかなか書き出せない。また、「書くべき内容」を思い出せないので、書くのが苦痛となる。

しかし、「改善用紙」は「一挙に書かなければならない」というキマリはドコにもない。

「手っとり早い顕在化」の原則は

①とりあえず、「書けること」を書く

②とりあえず、「書ける欄」から書く

――である。

では、とりあえず、何が書けるか。それは「問題欄」である。これなら、誰でも、いくらでも書けるだろう。

たとえば、

*「やりニクイ」

*「わかりニクイ」

*「汚い・汚れる」

*「危ない・危険」

*「迷う・間違える」

*「イライラ・バタバタ」

――など、「困ったこと・嫌なこと」なら、いくらでも書けるだろう。

もちろん、「対策欄・効果欄」など「実施・後」でなければ書けない。それらは「後回し」でいい。

とりあえず、月初に「問題欄だけ」を書き出しておく。そして、月末に、見直してみる。

すると、いくつか改善済に気づく。すでに、「問題欄」は記入済みゆえ、「対策&効果欄」を書くだけでいい。

改善用紙の改善的

分割記入

全部を一挙に書くのではなく

書ける欄 を

書ける時に書く

「改善前＝問題欄」なら、今、スグ、書き出せる

カイゼン
Q&A

ズバリ解答⑥

「改善用紙」による「改善的・定期点検」とは

①月初に、「問題欄」を書き出す
②月末に、それらを見直す
③実施済、「残りの欄」を記入する

☆

変化の激しい時代では、
◎「仕事のやり方の見直しを！」
◎「仕事のやり方の点検を！」
――などといった「呼び掛け」がなされている。

だが、それらは「呼び掛けっ放し」、または、「見直しっ放し」になっていないだろうか。

本気で、「仕事のやり方」を見直し、変えていくには、「言いっ放し・やりっ放し」ではなく、
①「毎月・定期的な見直し」
②「とりあえず、問題欄を書き出す」
――という「定期化・記録化」が不可欠である。

ただし、「余計な手間」がかかるのはダメ。なぜなら「手間のかかること」は続かないからだ。

最初は、張り切ってやっていても、忙しくなると、後回しになってしまい、やがて立ち消えとなる。

そこで、手っとり早い「定期点検の道具」として勧められるのが、「改善用紙・改善メモ用紙」である。

これなら、メモ感覚で、とりあえず、
*「困ったこと」
*「イヤなこと」
*「迷う→間違える」
*「モレる→モメる」
*「手間取る→遅れる」
*「イライラ・バタバタ」
*「やりニクイ・できナイ」
*「わかりニクイ・わからナイ」
――などを「問題欄」に記入できる。

月末に見直して、改善済みのものは「改善欄」と「効果欄」を埋めるだけ。

それが、そのまま「仕事のやり方」の「定期的点検→記録化」となっている。

「具体的な内容」を記入するので、「社内評論家」が書きそうな「抽象的な文書・論文」も排除できる。

仕事のやり方の改善的

定期点検

① 月初に問題欄だけ10枚、書き出す

② 月末に見直す。実施済のものは

残りの改善＆効果欄を記入

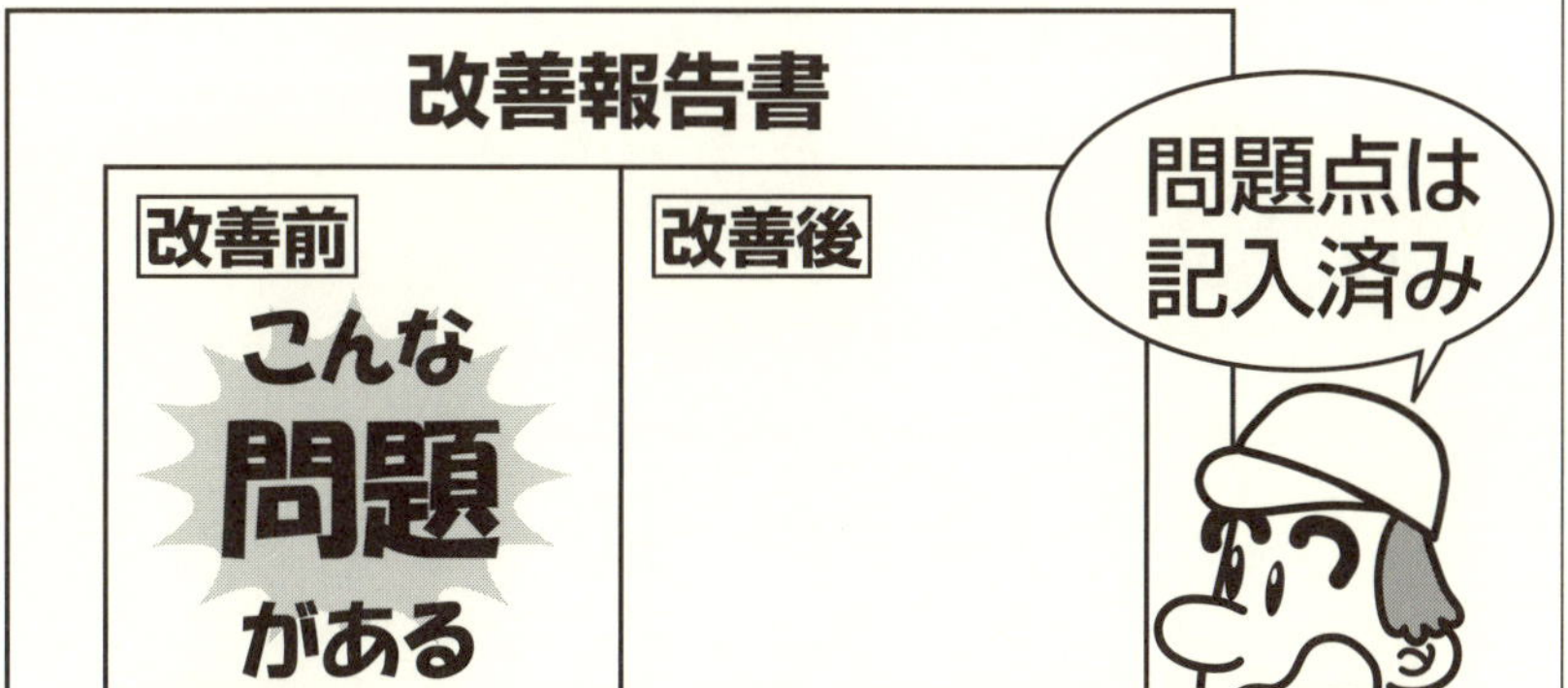

「問題欄」は記入済みなので、残りの

「改善欄＆効果欄」は簡単に書ける

ズバリ解答 7

カイゼンQ&A!

「自分の仕事にムダはない」「自分はムダなことはしていない」——と言い張る人がいるのですが。

具体的な「3つのムダ」を示すべし。「3つのムダ」は誰もがやっている。このムダからの「手抜き」が改善だ。

☆

「無用の用」という不思議な言葉がある。一見、無用に見えても、それはけっして、ムダではなく、無用ゆえに重要な役割がある——などの解説がなされている。

また、「人生には、ムダなものは何もない。たとえ一時的には、ムダに思えても、そのうち必ず、役に立つものである」

という「アリガタイ教え」もある。

だが、「日常的な改善」において、「手抜きすべきムダ」は、そのような「高尚なもの」でも「哲学的なもの」でもない。

どのような仕事にも、簡単・単純で、誰にでもわかる「3つのムダ」がある。それは

①「さがすムダ」
②「間違えるムダ」
③「イチイチ・そのつどのムダ」
——である。

これらは「どのような仕事」にも、また「どの職場」にも、共通している「典型的なムダ」である。

これらのムダを少しでも「やめる減らす」ことができれば、イライラやバタバタを解消できる。

実際のところ、いつも「忙しい・忙しい」と言っている人ほど、これらの「3つのムダ」を、じっくり、たっぷりやっている。

たしかに、毎日のように、これら「3つムダ」をやっていたら忙しくてたまらないだろう。

そのようなムダから「手を抜く」のが改善、すなわち「改善的手抜き」あるいは「手抜き改善」である。

では、ムダから手抜きするには、どうすればよいのか。順次、説明する。

全業種全職種全階層に
共通の3つのムダ

どんな仕事にも、共通のムダがある。「忙しい」と言っている人は「3つのムダ」を毎日のように繰り返している。これほどのムダをやっていると、忙しくなるだろう。
そのようなムダから「手抜きする」のが「改善的・手抜き」

さがす

①**探さナイ化**、せめて**探し易化**すべし
②**アチコチ**→**定置化**（置く場所を定めるべし）
③**元に戻る化**、せめて**戻し易化**すべし

迷う→間違える

①**迷うと間違える**→訂正しなければならない。
②**迷わナイ化**→**間違えナイ化**すべし
③**似ナイ化**＝**区別＆分別化・目立つ化**

イチイチ・そのつど・ワザワザ

①同じことの**繰り返し**＝反復の**ムダ**
②**あらかじめ**（前もって・事前対応・先手対応）
③**後始末**（手間かかる）→**前始末化**すべし

カイゼン Q&A! ズバリ解答⑧

「さがすムダ」への「改善的な対策法」は？

どの会社でも、どの職場にも共通しているムダがある。それは「さがす」ということ。

「何」をさがしているか、それは「仕事」によって異なっている。

たとえば、工場では「部品、材料、工具、治具」など。また、事務所では書類やファイルをさがしている。

しかし、「さがす」という問題は、どの業種・職種にも共通している。「問題」が共通なら、「対策」も共通している。

☆

「さがす」という問題への最善策は「さがさナイ化」だ。さがさなくても必要な物や情報が即座に得られるのがベストだ。

もっとも、いつも「さがさナイ化」できるとはかぎらない。だが、せめて、「さがしヤス化」ならできるだろう。

では、「さがさナイ化」や「さがしヤス化」するには、どうすればいいか。それは「さがす原因」をひっくり返すこと。「対策」とは「原因の裏返し」だから。

☆

「さがす」の最大の原因は「アチコチに置いている」から。ならば、その「対策」はアチコチの逆、「定置化＝置く場所を定める」である。常に「定・位置」にあれば、サッと取り出せるので、スグ仕事に取りかかれる。

しかし、「置く場所」を定めても、それが守られるとは限らない。使った物を「元に戻さない人」もいる。

また、最初は「定置化」していても、忙しくなると、「使いっ放し」となり、「定置化」は崩れてしまう。

だが、「本当の改善」は、そこから始まる。たとえ、

＊「忙しくても」→「定置化」
＊「ズボラでも」→「元に戻せる」

——ように「戻し易化」や「スグ戻せる化」など、さらに、もっと工夫するのが「真の改善」である。

さがす

ムダへの対策法

さがさナイ化するには

さがしヤス化するには

さがす原因をひっくり返す

さがす原因は？

アチコチ置いている

ならば対策は定置化

定置化＝置く場所・位置を定める

カイゼンQ&A
ズバリ解答⑨

「間違える」という問題への「対処法」は?

「間違いの原因」を取り除くべし

☆

仕事において、最も困るのに、最も頻発しているのは「間違い」である。

＊「手順の間違い」
＊「納期の間違い」
＊「納品先の間違い」
＊「部品や材料の間違い」

——など。

それらが間違ったまま進行すると、不良や事故、また誤送・誤動作など、トンデモないことになる。

たとえ途中で間違いに気づいても、「手直し」などに膨大な手間がかかり、現場は混乱する。

そのため、どの会社でも、

＊「間違えるな」
＊「気をつけろ・注意せよ」

——と「呼び掛け」がされている。

だが、いくら気をつけ、注意しても、「間違える要素・原因」があるかぎり、また、間違いは発生する。

つまり、「間違え易い状況」を放置したままで「間違えるな」と言うのはムリというもの。

しかも、人間の「感覚や頭脳」は

①「錯視・錯覚」
②「思い違い」
③「思い込み」

——など「間違える誘因」を内蔵している。ゆえに、「内・外の両面」から「間違いの原因・要因」を除かなければ、間違いは防止できない。

☆

それでは「間違いの原因」は何だろうか。もちろん、それぞれの仕事において、様々な原因がある。

だが、どの仕事にも、どの職場にも、共通している「間違いの原因」がある。それは次の3点だろう。

①「似ている」
②「紛らわしい→迷う」
③「複雑・煩雑・乱雑・混雑」

次に、これら「間違い原因」の「除去・方法」を解説する。

間違いへの改善的対処法

間違えるな　気をつけろ

注意せよでは　間違いは防げない

間違える要因・原因 があるかぎり

間違え易い状況 では **間違い発生**

間違いの原因

①似ている

②紛らわしい→迷う

③複雑・煩雑・乱雑・混雑

対策＝原因の裏返し

①似ナイ化＝区別化・分別化

②迷わナイ化・迷わせナイ化

③単純化・簡素化・スッキリ化

カイゼン Q&A ズバリ解答 ⑩

「似ている」から「間違える」への対処法

「似ている」のが「原因」なら、その対策は「似ナイ化」である。

☆

「間違い」の「最大の原因」は「似ている」こと。とにかく、「似ている」と間違う。

たとえば、「似ている人」だと間違えて、声をかけて、恥をかく。また、「似たようなスイッチ」だから、間違えて、押してしまう。

「似ている部品」だと、間違って、取り付けてしまう。「似ている名前」だから、間違って記入する。

「似ている数値」だと間違って計算してまう。「似ている書類」だから、間違って処理する。

それゆえに、「似ナイ化」すれば、「間違えナイ化・ニク化」ができる。

☆

それでは、「似ナイ化」するには、どうすればいいか。それは「似ている要素」を変えることだ。

たとえば、

*同じような「色」なら、色を変える。
*同じような「形」なら、形を変える。
*同じような「質」なら、質を変える。

もっとも、「形状」や「材質」など簡単に変えられないものもある。だが、その場合でも、シールやラベル、テープなどで「表示を変える」という「代替手段」なら可能だろう。

あるいは、

*「強調化→目立つ化」
*「区別化→仕切り化」
*「差別化→目印化」

——などで「差別化・区別化」すれば、「似ナイ化」→「間違えナイ化」ができる。

たとえば、「同じような色・形」のスイッチだと、混乱したり錯覚などで「押し間違い」が頻発する。

しかし、色や形を

*「赤」⟷「緑」
*「×」⟷「○」

——など「似ない化表示」をすれば、「間違えナイ化・ニク化」ができる。

似ていると

間違える

ならば、

間違えナイ化には

似ない化すべし

似ている要素を変える

色が似ている→色を変える

形が似ている→形を変える

材質が似ている→材質を変える

あるいは、

強調化→目立つ化

区別化→仕切り化

差別化→目印化

ズバリ解答⑪

カイゼンQ&A

「迷う」と「間違える」への対処法

「迷う」のが「原因」なら、その対策は「迷わナイ化」である。

☆

「迷う」と間違える。特に緊急時は急いだり、慌てるので、「迷い」は、そのまま「間違い」に直結している。

その場合、

「慌てたから、間違えた」
「急いだから、間違えた」

――では、「再発防止」はできない。

緊急時は、誰も、急ぎ慌てるので、

「慌てても、間違えナイ化」
「急いでも、間違えナイ化」

――という改善が必要だ。

それには、

「慌てても、迷わナイ化」
「急いでも、迷わナイ化」

――の工夫が不可欠である。

では、「迷わナイ化」には、どうすればいいのか。それは「迷う原因」を取り除くこと。

☆

「迷う原因」は次のようなものだ。

①「煩雑・複雑」
②「曖昧不明確」
③「紛らわしい」

これら「迷う原因」への「対策」をわかり易く言えば、

①「スッキリ化」
②「ハッキリ化」
③「クッキリ化」

――などだろう。

それでは、そのためには、実際に、どのようにすれば、いいのか。

たとえば、スイッチが多数あると、どれを押すべきか、迷ってしまう。その場合、「不要スイッチ」の廃止やカバー化などで「減らす」こと。

また、「通常のスイッチ」と「緊急ボタン」とは、明確に、ハッキリと「区別・分別」すべき。

しかも、「強調化・目立つ化」にて「一目でわかる化・誰でもワカル化」しておく。すると、緊急時で、たとえ慌てても、「迷わナイ化」→「間違えナイ化」となる。

迷うと間違える

間違えナイ化するには

迷わナイ化

迷わナイ化するには

迷う原因を取り除く

3つの迷う原因を取り除く

① 煩雑・複雑→スッキリ化

やめる・減らす・カエル＝分類化・分別化

② 曖昧不明確→ハッキリ化

分別＆区別化・仕切り仕分け化・ゾーン化

③ 紛らわしい→クッキリ化

対比強調化・コントラスト化・目立つ化

カイゼン Q&A! ズバリ解答 ⑫

「複雑・煩雑」だから「間違える」への改善的対処法

「スッキリ化」すべし

☆

仕事の中に「混・乱・雑・複」など、「4つの文字」が出てきたら、改善のチャンスである。

つまり、

①「混乱・混雑・混在・混入・混同」
②「乱雑・乱暴・乱造・乱発・乱用」
③「雑然・煩雑・粗雑・錯雑」
④「複雑・重複」――など。

わかり易く言えば、

☆「ゴチャ・ゴチャ」
☆「ぐちゃ・ぐちゃ」

――といった状況である。

それは、まるで、

＊「ミス・間違い・取り違い」
＊「つまずき・ひっかかり」
＊「トラブル・いざこざ」
＊「災害・事故・ケガ」

――などの「地雷原」で仕事をしているようなもの。

安全で、間違いなく、快適に仕事をするには「地雷」を撤去すべき。

では、地雷を取り除くには、何をすべきか。それは「混・乱・雑・複」の反対、すなわち、

◎「簡素化・簡潔化・簡略化」
◎「整然化・整列化・整合化」
◎「シンプル化・スムーズ化」

――すればいい。

わかり易く言えば「スッキリ化」。一般的には「整理・整頓」と言われている。それは「分別化・区別化」＝「分ける」ということだ。

すなわち、

「整理」＝「必要と不要を分ける」
「整頓」＝「常用と不常用を分ける」

――ことである。

なぜなら、「混・乱・雑・複」＝「ゴチャゴチャ・ぐちゃぐちゃ」とは、それらが分別されず、「一緒くた」になっている状態だから。

それらを「分けて・みる」だけで、「わかり易化」→「やり易化」となる。まさに、「分ければワカる。分ければデキる」と言われる如し。

混乱雑複

は改善のチャンス

混乱 混雑 混在 混入 混同

乱雑 乱暴 乱造 乱発 乱用

雑然 煩雑 粗雑 錯雑

複雑 重複

ゴチャゴチャ

ぐちゃぐちゃは

スッキリ化すべし

簡素化・簡潔化・簡略化

整然化・整列化・整合化

シンプル化・スムーズ化

スッキリ化するには

区別化・分別化すべし

カイゼン Q&A ズバリ解答 ⑬

「イチイチ・そのつど」
――という問題への対処法は

「あらかじめ・先手対応」で「繰り返し」のムダを省く。

☆

我々の仕事には
「イチイチ・そのつど」
――という言葉が頻繁に出てくる。
たとえば、
*「イチイチ、調べていた」
*「そのつど、計算していた」
*「そのつど、問い合わせていた」
――など。

これらは「改善のチャンス」である。ナゼなら、それらは同じようなことの「繰り返し・重複・反復」だから。

そのような
「繰り返しのムダ」
「重複・反復のムダ」
――を「ヤメる・減らす」のが改善。

では、「イチイチ・そのつど」にはどう対処すべきか。そこで威力を発揮するのが「あらかじめ」という「改善の定石」である。

どうせ、やらなければならないことならば、「あらかじめ・前もって」で「事前対応・先手対処」ができる。

ナニゴトも「後手」に回ると、ゴテゴテする。だが、「先手対応」すれば、やり易くなる。

「同じ計算」をイチイチ、そのつど、繰り返しているのなら、あらかじめ、「早見表」を作成しておけばいい。

日常業務の「8割」は「2割」の「定型要素」の「繰り返し」である。ゆえに、それらを前もって「定型化・パターン化」しておけば、8割のムダを省ける。

☆

「あらかじめ」の漢字は「予め」。「予」という漢字は「予知・予測・予想・予備・予見・予感・予算」などの如く「前もって、事前」という意味を持っている。

「次にすべきこと」を予知・予測・予想することで、「あらかじめ＝先手対応・事前対処」などの「改善的・手抜き」ができる。

日常業務における

イチイチ・そのつど

……という煩わしい問題には

あらかじめ

予知・予測・予想・予見

前もって、

事前 対応 先手 対応

イチイチ 調べていた

そのつど 問い合わせをしていた

——などは、「改善のチャンス」。それらは「同じこと」の
「繰り返し・反復・重複」を意味している

日常業務の **8割** は **2割** の

定型的要素 の **反復・繰り返し** で成り立っている。

ゆえに、それら

2割 の **定型的要素** を、**あらかじめ**

定型化・パターン化 しておけば、**8割**の

イチイチ・そのつどのムダ を省ける。

カイゼン Q&A

ズバリ解答 ⑭

手間をかけず、カネをかけず「手っとり早く改善するコツ」は？

①「分割→細分化」
②「デキること」から着手
③「デキないこと」は後回し

「手っとり早い改善実施」が苦手でいつまでも「マズイ仕事のやり方」に固執している人がいる。

そのような人に共通しているのは、

①「全部・全体」を変えようとする
②最初から「完全・完璧」を求める
③「デキない理由」ばかり考える

——の「3項目」である。

たしかに、このようなやり方では、いつまでも改善ができないので、いつまでも「旧来のやり方」を続けざるをえないだろう。

☆

「仕事のやり方」の「全部・全体」を一挙に変えるには「大きく変える」が必要ゆえ「大変」だ。

改善実施が得意な人は、そのような「大変＝大きく変える」はしない。

「仕事のやり方」を小さく分割化→細分化して、その「部分」から攻める。「部分的・変更」なら「小変＝小さく変える」で対応できる。

それら「小変」の「繰り返し＋積み重ね」で、いつの間にか「仕事のやり方」を「大きく変える＝大変」を成し遂げている。

「改善のヘタな人」が、最初から、「全部・全体」を一挙に変えようとして、いつまでも「足踏み」のままとは、大違いである。

☆

モノゴトを「分割→細分化」すれば、

①「デキること」
②「デキないこと」

——に「分ける」ことができる。

そして、とりあえず「デキること」からの着手が、「手っとり早い改善・実施のコツ」である。

「デキないこと」は「後回し」でいい。そして、「状況や条件の変化」、「改善力向上」などで、デキるようになってから、実施すればいい。

手間をかけずカネをかけず

知恵を出す改善の手っとり早い

実施のコツ

手っとり早い改善実施ノウハウは、

改善の方程式＋定石＋公式

に体系化されているが、その核心は次の３点

1）分割化・部分化・細分化

①全体を全部、変えるは、**大変**（大きく変える）

②部分を少し変えるのなら、**小変**（小さく変える）

③問題を**分割**・細分化して、**部分**から攻める

2）とりあえずデキることから

①分割化→**分別化**（「デキルこと」と「デキないこと」）

②部分化→分ければ、わかる

③細分化→分ければ、デキる

3）デキないことは後回し

①**着手の優先順位**＝まず、デキることから

②「デキること」から着手→**改善能力の開発**

③状況**条件は変化**→デキるようになったら**実施**

カイゼン Q&A ズバリ解答 ⑮

「改善的思考＆発想」とは どのようなものか？

①「くろう」より「くふう」
②「修繕」から「改善」へ
③手っとり早い実施・実行

「改善的な思考・発想」に関しては イロイロな角度から、様々な説明ができる。しかし、「最も重要」なのは、次の3点だろう。

①「くろう」より「くふう」

改善しない人は自己満足、または、自虐的な「苦労」を、いつまでも続けている。

それに対して、改善的思考の人間は常に、「より良いやり方」を工夫して、「仕事のラクちん化」や「仕事のやりやす化」を楽しんでいる。

②「修繕」から「改善」へ

「問題に対する対処法」は、最初のうちは修繕（現象対策）に過ぎないかもしれない。

しかし、「改善発想のデキる人」は「ナゼ、そうなるのか」とその原因を考え、原因対策（改善）に取り組むようになる。

修繕（現象対策）は「同レベル」の「繰り返し」に過ぎない。ところが、改善（原因対策）は「より良いやり方の工夫」を伴うので進歩につながる。

③手っとり早い実施

「大変なこと」は、じっくり慎重に長期的に、計画的に、取り組むべきだろう。

しかし、「自分の仕事のやり方」を「ちょっと変える」という「小変」＝「改善」は、手っとり早くやるほうがいい。

とりあえず、デキることから、デキる範囲で、手っとり早く実施するのが「改善的な発想」である。

改善的

思考＆発想とは？

①くろうよりくふう

自己満足的＆自虐的な**苦労**よりも
やり方の**工夫**で、仕事の**ラクちん化**

②修繕から改善へ

修繕＝現象対策＝同レベルの繰り返し
改善＝原因対策＝やり方の工夫→進歩

③手っとり早い実施

とりあえず、デキることから、**即座に実行**
とりあえず、デキる範囲で、**手っとり早く実施**

大変はじっくり計画的に＝**着眼大局**
小変は手っとり早く＝**着手小局**

とりあえず、やめてみる・やってみる

〈著者紹介〉

東澤 文二（とうざわ　ぶんじ）
日本HR協会　KAIZEN事業部　hr-touzawa@nifty.com

改善の専門誌「創意とくふう」誌で35年間、「改善活動＆改善事例」を研究。
最も簡単で、最もわかり易く、最も効果的な「改善ノウハウ」に体系化。
その成果は、研修・受講企業における「改善活性化の実績」で実証済。

【著書】
「改善・基礎講座」「改善・応用講座」「改善・上級講座」（産能大出版部）
「強い会社をつくる業務改善」、「業務改善の急所」（明日香出版）
「改善のやり方が面白いほど身につく本」（中経出版）「マンガ改善」（講談社文庫）
「仕事の改善ルール」「ビジネス改善の技法」「改善OJTハンドブック」（PHP研究所）
「改善のはなし」「改善・提案3部作」「手っとり早い改善ノウハウ3部作」
「こうすれば仕事の改善ができる3部作」「改善2面相のQ＆A一発解答」（日刊工業新聞社）

◎「日本HR協会」では、改善活動の促進・推進のため下記を提供している
＊「全国改善実績調査レポート」（毎年、主要企業の実績データを集計・分析）
＊改善の「テキスト」／「ポスター」／「カード」／「DVD教材」などの制作
＊「公開・改善セミナ」／「改善発表会」／「改善研究会」など主要都市で開催
＊「企業内・改善研修」／改善制度の導入・運営・研修に関するコンサルタント

手っとり早い改善実施ノウハウ　NDC509.6

2016年1月26日　初版1刷発行

定価はカバーに表示されております。

©著　者　東　澤　文　二
発行者　井　水　治　博
発行所　日刊工業新聞社

〒103-8548　東京都中央区日本橋小網町14-1
電話　書籍編集部　03-5644-7490
　　　販売・管理部　03-5644-7410
　　　FAX　03-5644-7400
振替口座　00190-2-186076
URL　http://pub.nikkan.co.jp/
email　info@media.nikkan.co.jp

印刷・製本　新日本印刷

落丁・乱丁本はお取り替えいたします。　2016　Printed in Japan

ISBN 978-4-526-07510-0　C3034